AF272637

Edith Hult

**Två år på IES**

Fyra i Göteborg

*"En lärare lever och lär*
*lära så länge han lever*
*av sina elever*
*vilka lär lättare lära den lära han lär*
*om läraren lär som han lever"*

(A. Henriksson)

© 2023 Edith Hult

Förlag: BoD – Books on Demand, Stockholm, Sverige
Tryck: BoD – Books on Demand, Norderstedt, Tyskland

ISBN: 978-91-7785-546-0

# Innehållsförteckning

# FÖRORD

*"Att våga är att förlora fotfästet en stund. Att inte våga är att förlora sig själv". (Søren Kierkegaard)*

När jag flyttade till Göteborg så förlorade jag definitivt fotfästet. Allt var nytt och jag hade aldrig bott i en storstad. Att bygga upp sin tillvaro på nytt när man har passerat 60-strecket är inte någon enkel sak att göra. Men att jag vågade är jag stolt över och det är inget jag ångrar, även om det innebar en hel del utmaningar och mycket nytt att lära sig.

Tjänsten på Internationella Engelska Skolan var en stor utmaning och jag fick vara med om två fantastiska och annorlunda år. Jag kände till IES sen tidigare men var inte så insatt i verksamheten. Förutom att jag förbättrade mina kunskaper i det engelska språket så lärde jag mig en hel del annat. Engelska skolan stod ju för ordning och reda, samt en hel del annat fick jag erfara.

Jag blev kvar sammanlagt fyra år i Göteborg, varav två på IES och två på en annan privat skola. Har beskrivit de åren i jämförelse med den kommunala skolan och att bo i en småstad. Avslutar min berättelse med vad jag anser vara framgångsfaktorer för skolan.

februari 2023

Edith Hult

# FÖRBEREDELSER

- Nå, kan du rabbla ditt CV utantill på väg upp i hissen? Det var kanske inte den konversationen jag ville ha där jag stod inklämd i ett minimalt badrum framför en liten spegel och försökte få ordning på mitt spretiga nordiska hår. Sladden till locktången räckte knappt in från hallen och kön till det allra heligaste fick inte belamras hela morgonen då vi var tre stycken som skulle samsas om samma toa i vår lilla etta. Bara att konversera på morgonen var farligt. Både jag och min dotter har ett hiskeligt morgonhumör och jag hade beslutat mig för att på sin höjd säga godmorgon den här dagen. Ja, det var förstås uteslutet att vi skulle bo ihop då jag flyttade hit. Detta var bara ett tillfälligt arrangemang över helgen då jag hade kört ned ett flyttlass och skulle passa på att gå på en, nej det var faktiskt två, jobbintervjuer då jag ändå var på plats i Göteborg.

Jag mumlade bara nånting till svar, men hon fortsatte att fråga och ge mig goda råd så jag avbröt irriterat bara med att jag ändå inte kommer att få jobbet, men har i alla fall fått komma på anställningsintervjun. Jag var mer stressad över att jag skulle ge ett gott yttre intryck då jag hade läst på om klädkoden på IES. Proper klädsel var ett måste för personalen och det innebar att alla herrar förväntades bära slips och kavaj. Damerna slapp undan slipsen men kavaj eller något liknande krävdes. Sneakers var inte tillåtet och jeans var bara okej om de var mörka.

Förutom att jag hade packat ett fullastat släp med möbler och bohag så hade jag rusat runt på stan i Skellefteå för att hitta lämpligt outfit att använda på anställningsintervjun. Jag tyckte

9

väl att jag hade hyfsad standard på mina arbetskläder som jag använde på mitt nuvarande jobb, men då jag laddat ned personalens förhållningsregler och därtill klädkoden så började jag kritiskt granska min garderob. Efter några månader på IES lärde jag mig att de flesta av personalen köpte sina kläder i lågprisvaruhus. Korrekt klädsel har inte likhetstecken med märkeskläder.

Tänkte på min mamma som var så bekymrad då jag åkte iväg till Umeå för att börja min utbildning på lärarhögskolan. Hon har i efterhand berättat att hon tyckte det var bedrövligt att jag åkte iväg i "den där lurviga mössan och lodenrocken" när jag skulle utbilda mig till lärare. Aldrig någonsin hade jag tänkt i de banorna men efter ett tiotal år som lärare fick jag en rektor som var väldigt tjusigt klädd. Hon bar till och med hatt, vilket var lite udda på 90-talet för både bland herrar och damer. Möjligen kunde man vara i hatten, men det var ju något helt annat. Förutom att min chef var tjusig så var hon dessutom mycket klok och trevlig och hon förklarade en gång för mig att hon ansåg att lärare bör distansera sig från elevernas klädval. Du markerar genom ditt klädval att du är vuxen och det stärker din lärarroll. Det tycker jag var väldigt klokt sagt och har tänkt på det många gånger sen dess.

Nu var jag alltså på väg till en anställningsintervju på Internationella Engelska Skolan. Bara att få komma in i lokalerna lät som en dröm. Jag hade läst på om själva organisationen och i synnerhet hur en vardag på skolan kunde se ut. I bussen på väg dit och rabblade jag mitt CV, som jag oombett fått som råd av min dotter, samtidigt som jag var nervös för att inte hitta dit och inte vara där i tid. Hade också förberett mig på att prata om hockey, eftersom Skellefteå är och var en känd hockeystad då, men jag är egentligen totalt ointresserad av hockey och hade normalt sett inte koll alls på hur de låg till i tabellen. Fast nu hade jag kollat upp både Frölunda och Skellefteå så att jag i alla fall inte skulle framstå som en komplett idiot.

Jag var på rätt plats och dessutom i alldeles för god tid. Hade kommit överens om att träffa Mr M på parkeringen. Då jag stod och väntade hann jag se en hel del elever på väg in i skolan och tänkte att de såg ut som vilka elever som helst. När klockan var slagen med råge och ingen hade kommit mig till mötes så blev jag osäker på om det verkligen var på parkeringen vi skulle träffas klockan nio så jag ringde upp Mr. M som ursäktade sig och kom ut och mötte mig.

# ÄVENTYRET BÖRJAR

Hur får man idén att flytta till Göteborg när man är 60+? Ja, det började med att min sambo skulle gå i pension och han planerade först att cykla från Skellefteå till Danmark under sommaren och till vintern åka till Indien och stanna där i cirka fyra månader. Hur man får såna idéer kan jag inte förklara, men det var då jag började spinna planer för det kommande året eftersom jag också blev sugen på lite äventyr i slutet av min yrkeskarriär. Inte ville jag sitta och sura i Skellefteå och bli en bitter kärring i väntan på min sambo som hade transformerats till särbo. Jag hade förvisso alla mina vänner i Skellefteå och den härliga löparklubben Skellefteå AIK friidrott, där också många av mina vänner fanns men det var ju också ett utmärkt tillfälle att prova på något nytt i slutet av min yrkesbana. Det är sällan man får chansen att bryta upp och börja om på nytt och det blev verkligen en omstart på alla sätt och vis.

Det låg också bra till i tid då mina dåvarande elever lämnade grundskolan för att börja gymnasiet. Skolan skulle dessutom flytta till nybyggda lokaler och starta om organisationsmässigt med allt vad det innebar av förändringar så även om jag stannat kvar så hade jag haft nya elever, lokaler och organisation att förhålla mig till.

Att valet föll på Göteborg hade förstås att göra med att mina döttrar bodde där och när jag året innan hälsade på där så fick jag också möjlighet att prova på att träna med löparklubben Solvikingarna. Jag är tämligen beroende av att träna tillsammans med andra som har samma inbitna löparintresse och denna klubb

12

verkade passa mig som handsken, så småningom kom den att bli som mitt andra hem. Där fanns både ung och gammal, många yrkesgrupper, nationaliteter och kön representerade, snabba och långsamma löpare samt en fin gemenskap med många löparevent.

Att jag dessutom hade mitt första barnbarn på väg i Linköping blev en extra anledning flytta från Skellefteå.

Då jag var ute på en egen löprunda hösten 2016 i Göteborg så hamnade jag av en slump Ediths gata och ett tag senare hittade jag en buss till Hults by. Göteborg bara väntade på mig!

*Ångaren Ediths Gata, min gata.*

*Den här bussen går till min by.*

# BOSTAD, JOBB, TJÄNSTLEDIGT.

Det vanliga är kanske att man först skaffar ett jobb, söker tjänstledigt och sen ordnar man med bostad, men jag gjorde det i en annan ordning, min egen. Kanske var det lite "wild and crazy" men vid min ålder så har man inte tid att tänka så, eftersom man inte har hela livet på sig, bara resten av det. Jag visste att jag kunde få tjänstledigt ett år och det var väl ungefär så länge jag planerade att stanna i Göteborg. Att få ett jobb skulle nog vara tämligen enkelt. Lärare var det ont om, speciellt i storstäder och specialpedagoger var speciellt eftertraktade.

Det största problemet förstod jag var att hitta en bostad, därför tog jag itu med först. Jag hittade en lägenhet som jag budade på och bad mäklaren ta bort annonsen före visning då jag var på väg från Skellefteå till Umeå med buss. Det hade jag hört var ett gammalt beprövat trick, alltså jag menar inte att tricket är att buda på bussen utan att be mäklaren ta bort annonsen före visning.

På hemvägen i bussen fick jag veta att säljaren accepterat budet och då bad jag mina döttrar att kika på lägenheten och skickade en fullmakt för att skriva på kontraktet. Det kallas visst att köpa grisen i säcken och är kanske inte att rekommendera för ett lägenhetsköp i miljonklassen, men jag hade som sagt ont om tid och ville fixa allt så snabbt som möjligt och dessutom litade jag fullständigt på mina döttrars omdöme.

Vid det här laget hade jag fortfarande inget jobb, men planen var att en av döttrarna skulle bo i min lägenhet tills jag så småningom fick jobb och det kunde ju ta ett tag. Hon bodde vid den tiden omöblerat på ett andrahandskontrakt så det var ingen större sak för henne att flytta in med sina få pinaler. Ett par veckor senare kom jag ned med mitt första flyttlass, som mest bestod av möbler och husgeråd

Samtidigt hade jag blivit inbjuden till två jobbintervjuer och en av dem var då IES, Internationella Engelska Skolan i Johanneberg.

# ANSTÄLLNINGSINTERVJUN

Mr M hade varit upptagen med att hälsa elever välkomna till skolan, en rutin som jag också så småningom kom att bli bekant med, och hade därför inte kunnat komma loss i tid. När han mötte upp mig såg han lite stressad ut men han hade ett härligt leende och önskade mig varmt välkommen.

Han ledsagade mig först till expeditionen där jag fick en namnbricka som det stod "Visitor" på. Det var väldigt noga med att ingen utomstående skulle vistas på skolan utan tillstånd och det var inget som hade tillkommit efter våldsdådet i Trollhättan 2015, den säkerheten hade funnits länge inom IES.

För de om inte minns den händelsen så blev tre personer dödade på en skola i Trollhättan av en utklädd man. Dådet skedde i anslutning till Halloween så han väckte ingen större uppmärksamhet då han tog sig in på skolan eftersom det var många som var förklädda till monster i anslutning till den helgen.

På flera skolor runtom i Göteborg, ja i hela Sverige för den delen, började man ha större kontroll på vilka som vistades på skolorna. Fast på IES hade de alltid varit noga med att ha koll på besökarna. GP, Göteborgsposten, gjorde en liten studie efter våldsdådet i Trollhättan om hur det var med säkerheten på olika skolor i Göteborg och på IES tog det en minut innan reportern blev uppmärksammad och tillfrågad, på ett mycket artigt sätt, vad hen hade för ärende.

Sekreteraren på Expeditionen tilltalade mig på engelska, men jag hade fått veta att intervjun skulle ske på svenska. Det kändes lugnande fast jag var ändå på helspänn när vi gick genom korridoren mot mötesrummet. På vägen till sammanträdesrummet hälsade Mr M på flera elever och de hälsade artigt tillbaka "Hello Mr M" och alla lärare som vi mötte hälsade förstås också på oss båda. När vi kom till mötesrummet var Ms R, rektorn, samt Ms H, specialpedagog redan där och det visade sig att Mr M, som också skulle vara med på intervjun, även var specialpedagog.

Att låta blivande kollegor vara med vid rekrytering var ett förfaringssätt som jag inte tidigare varit med om. Rekryteringsteamet brukar bestå av rektor och facklig representant. Här fick de redan anställda kollegorna möjlighet att också lägga ett ord och det var nog klokt tänkt, det är ju viktigt att det fungerar mellan dem som ska jobba ihop med. Jag fick framledes också vara med och rekrytera blivande kollegor.

De började inte direkt att fråga ut mig utan de beskrev skolan utifrån organisation och policy samt intentioner. Jag tyckte att allt lät osannolikt bra om jag jämförde med den miljö som jag kom från och det var också min spontana kommentar då jag blev tillfrågad. Vet inte om jag uttalade det, men jag tänkte "vad är haken? Det skulle jag så småningom bli varse senare visade det sig, men i den stunden verkade allting vara perfekt, jag var fullständigt bländad.

Jag lyckades också berätta om mig själv och mitt yrkesliv tämligen koncist och korrekt och det viktigaste kom nog med. Jag berättade också att jag hade mina barn här och att jag köpt en lägenhet. Den informationen tyckte jag var viktig att lägga till för att understryka att jag var seriös så att de skulle våga anställa mig.

Jag vet att jag tänkte att om det är de här kollegorna och den här rektorn jag ska jobba med så ser det lovande ut. De hade ett varmt bemötande och svarade ärligt på mina frågor. Det var inte uppklädda på ett utstickande sätt utan bara normalt presentabla.

Då jag berättade om den tjänst jag för närvarande hade så nämnde jag att vi hade många så kallade "hemmasittare" och de såg inte förvånade ut då de kunde berätta att de brottades med liknande problem där också. Det blev jag väldigt förvånad över att höra då jag hade en föreställning om att IES var en mönsterskola med få problem och jag trodde att elevunderlaget bestod av noga utvalda elever från socioekonomiskt starka hem med studiemotiverade elever.

Det visade sig att jag hade rätt på den punkten, de eleverna fanns här också, men de var bara en liten del av hela underlaget. Skolan valde inte sina elever, de rekryterades med kötid och syskonförtur tillämpades. Dessutom bör jag tillägga att elever som har svårigheter i skolan kommer från alla slags hem.

Nåväl, jag tyckte att jag hade fått chansen att visa mitt bästa jag utan att vara oärlig och tänkte när jag gick därifrån att bättre kan jag inte. Vill de inte ha mig så får det vara. Jobb kommer jag att få, men jag hoppades att få jobb på IES då det lät väldigt spännande och lärorikt. Innan jag gick därifrån så berättade jag att jag skulle på en ytterligare anställningsintervju.

# SÄGA UPP ELLER HYRA UT?

Så här långt kommen i flyttprocessen hade jag inte riktigt bestämt mig för om jag skulle säga upp vår lägenhet eller hyra ut den på ett år, som var maxgränsen för andrahandsuthyrning för det bolag jag hyrde av. Att en trerummare skulle bli för stor för mig förstod jag, men om jag skulle vilja tillbaka efter ett år så kunde det var knepigt att hitta en bostad snabbt. Så hittade jag via en kontakt ett par som behövde en bostad ett år i Skellefteå och då var beslutet inte svårt att fatta.

Lämnade kvar en hel del prylar som jag tänkte hämta så småningom men det visade sig i realiteten att jag efter ett år inte hade något intresse av de sakerna. Kan vara svårt att skiljas från sina prylar men om man låter det gå ett tag så går det lättare. Har lämnat många saker efter mig under årens lopp och det är få saker jag verkligen har saknat. Jo, jag kan sakna en del saker, men de passar inte in i mitt nuvarande liv. Man kan till exempel inte ta med sig balkonggolv, altaner som man byggt, plantor man satt. De flesta möbler måste man sälja och de som inte blir sålda är enklast att lämna kvar.

Det är väldigt sunt att göra sig av med prylar som man för tillfället inte använder. Somliga kallar det att "dödstäda" och det är nog klokt att göra det någon gång om sänder, vare sig man ska flytta eller inte. En flytt driver ju på en utrensning av prylar. Minns med fasa när vi skulle städa ut mammas och pappas hus. Mamma hade blivit ensam då och skulle flytta till en lägenhet. Hennes trauma att skiljas från så många saker och bara ta med sig det nödvändigaste var svår att se. Hon ville gärna veta vart alla saker tog vägen också och blev glad då vi kunde berätta att det gått till någon släkting eller bekant som kunde nyttja dem. Men många saker körde vi direkt till återvinningen och en hel del blev kastat. Jag hoppas jag inte har så mycket att sortera när jag själv blir så gammal och orkeslös så att någon annan måste göra det åt mig. Tycker inte att jag har speciellt mycket prylar då jag numera bor ganska trångt. Men det är långt mer än vad jag behöver och att rensa ut med jämna mellanrum är nödvändigt.

# HÄR VILL JAG INTE ARBETA

Nästa intervju var bokad med två timmars mellanrum från den första och det var kanske lite tidsoptimistiskt för när jag kom ut från IES så hade jag knappt en halvtimme på mig att ta mig genom stan till andra änden av stan. Den skolan skulle ligga betydligt närmare min bostad än IES så den var attraktiv utifrån läget. Jag ringde rektorn på den skolan och berättade att jag förmodligen skulle bli sen och bad om ursäkt för det, men då hon var informerad om att jag kom från en tidigare inplanerad intervju så var hon förberedd på att det kunde bli förseningar.

Även där fick jag träffa en eventuell blivande kollega, en specialpedagog som inte gjorde så bra intryck på mig då hon under intervjun hade telefonen påslagen och till och med svarade i telefonen mitt under pågående intervju. Jag blev visad runt av denna specialpedagog efter intervjun och jag fick se de mest bedrövliga arbetsplatser och slitna lokaler under rundvandringen. Arbetsplatserna var minimala och alla var belamrade av papper, pärmar och böcker och såg inte alls ut att ha någon struktur överhuvudtaget. Jag uppskattade att i varje arbetsrum på ca 30 m2 hade man pressat in 10 arbetsplatser. På en av arbetsplatserna hittade vi en arbetande kollega som i brist på plats på skrivbordet satt med en laptop i knät på en nedsutten kontorsstol. Jag minns att jag tänkte att "här vill jag inte arbeta", men jag kanske måste acceptera det om inget annat dyker upp.

Nog hade jag sett liknande arbetsplatser under min lärarbana, är man kommunalanställd så är man inte bortskämd. Innan lärare fick lagstadgad arbetsplatsförlagd tid så hade vi inga arbetsplatser alls. Vi fick hålla till i klassrummet eller hemma med för- och efterarbete. Då skolan kommunaliserades 1991 och arbetsplatsförlagd tid infördes blev arbetsgivaren skyldig att tillhandahålla arbetsplatser. Det gick väl si och så med det. Deltidsanställda fick dela arbetsplats och det var nog inte någon som hade tillgång till ett helt skrivbord eller ens en skrivbordshurts, två lådor var och någon hyllrad var standard.

Datorer infördes först på mitten av 90-talet på den skola jag arbetade på och vi var ändå bland de första skolorna som fick Internet, vilket förstås innebar stora förändringar för läraryrket och undervisningen. Det fanns då 1–2 datorer per arbetsrum och en skrivare på varje skola. Jag var en av de första pedagogerna på skolan som började använda IT och Internet och blev tillsammans med andra pedagoger från andra skolor uttagen att gå olika utbildningar och så småningom hålla i personalutbildning på våra egna skolor.

Då personliga datorer började införas i början av sekelskiftet ökade kravet på ordentliga arbetsplatser men fortfarande är det nog bara på nybyggda skolor som det kravet är tillgodosett eftersom traditionen har varit att lärare har haft sitt kontor hemma eller i klassrummet.

Nåväl, tillbaka till rundvandringen och det tålmodiga lärarsläktet. Ett jobb är ju ett jobb och anledningen till att jag flyttar till Göteborg är ju att få umgås mer med barnen och får prova på att träna med en ny spännande löparklubb som verkade passa mig som handsken. Då kan man svälja att jobbet inte är perfekt. Skulle ju bara bo här ett år....

När jag återvände från rundvandringen till rektorsexpeditionen stod min tilltänkta chef där bokstavligen på tå för mig och undrade när jag kunde börja och vad jag ville ha för lön. Hon gav ett nervöst och oprofessionellt intryck så det kändes ganska pinsamt. Men det kändes säkert att jag hade ett jobb i alla fall, så vi kom överens att höra av oss när vi hade funderat på var sitt håll. Jag kände också att min outfit absolut inte passade in där, jag var alldeles för uppklädd. Hade jag drabbats av högfärd?

Det tilltalade mig att IES hade en klädkod för personalen, samtidigt som det stressade mig för hur jag skulle kunna leva upp till de kraven. Men jag hade sett ytterligheterna av det förut och jag tyckte mig kunna se drag av det på den här skolan som blev mitt andrahandsval.

Några år tidigare hade jag mötts av en besynnerlig syn då jag klev in i vårt arbetsrum på den skola jag jobbade på i Skellefteå. En person i trasiga jeans, bakåtvänd keps och ringar i näsan och öronen sitter vid kollegan X arbetsbord. Min första tanke var "Varför sitter det en elev härinne?" Jag presenterade mig och undrade sedan vem hon var och då presenterar hon sig som

vikarie till kollega X. Att lärare kan ha ledig klädsel är inget jag
har emot, men detta var verkligen udda. Normen borde ligga
mellan denna utstyrsel och kavaj och slips. Då är det faktiskt att
föredra att man har en viss klädkod. Vill du bli betraktad som
vuxen så sitter en del i hur du klär dig. Det är första intrycket
utåt. Du har bara en chans att göra ett bra första intryck.


Tilläggas kan också att när jag hittade denna vikariekollega i
lunchrummet så satt hon fortfarande med kepsen på och åt ur sin
matlåda, uppenbarligen totalt ointresserad av att socialisera sig
sin omgivning då hon hade ställt upp sin mobiltelefon mot
saltkaret, proppat igen öronen med öronsnäckor till handsfree
och såg på en film. Ja, det är möjligt att hon hade uppvisat
samma beteende även om hon varit mer propert klädd. Döm inte
hunden efter håren, men det var precis vad jag gjorde.

# HEM TILL SKELLEFTEÅ

Så bar det av hem till Skellefteå, lite enklare på hemvägen då vi hade hyrt släp här och lämnat där, alltså hyrt i Skellefteå och lämnat i Göteborg, och nu visste jag att jag förmodligen skulle ha jobb redan till hösten. Lite problematiskt kanske då jag egentligen inte hade någonstans att bo då jag hyrt ut lägenheten till min dotter men vi var inne i maj nu och skolorna brukar ju inte börja förrän i slutet på augusti så det fanns ju tid att lösa det. Att jag och dottern skulle bli sambos var som sagt otänkbart. Vi var båda måna om att hålla relationen mor och dotter på ett bra plan och att bo tillsammans på 35 kvadratmeter är inte att rekommendera om man fortfarande vill vara vänner.

På nervägen till Göteborg så hade vi tänkt köra hela natten men så upptäcker vi att det faktiskt blir mörkt mycket tidigare söderut så vi orkade inte köra i ett sträck utan tog oss en liten kort slummer på halva vägen. Det blev sammalunda på hemvägen men vi unnade oss också ett stopp i Linköping för att besöka de blivande föräldrarna. Så spännande att äntligen få ett barnbarn! Vi lämnade Linköping på eftermiddagen och hamnade i ett ombyggnadskaos i Stockholm mitt i natten. Essingeleden var omdirigerad och det tog oss över en timme att hitta ut därifrån. GPS var inte tillförlitligt så vi fick snurra runt och försöka hitta ut på egen hand. När vi till slut kom därifrån var vi väldigt lättade och fast beslutna att aldrig mer köra via Stockholm.

Väl hemma i Skellefteå började en nervös väntan. Jag ville ju helst ha jobb på IES, samtidigt som jag inte ville släppa jobbet på den andra geografiskt mer närliggande skolan. De hade redan hört av sig och ville att jag skulle inkomma med löneanspråk. Jag var ängslig för att rektor på IES skulle tycka jag var för tjatig och ivrig om jag hörde av mig, men efter ett par dagar tog jag mod till mig och mailade rektor på IES och frågade hur långt de hade kommit i anställningsprocessen samt berättade att jag hade en annan skola som väntade på besked av mig.

Det dröjde inte länge förrän rektor på IES mejlade mig och bad mig komma med ett lönebud. Jag berättade vad jag tjänade nu och vad jag tjänat som förstelärare och sa att mitt önskemål låg däremellan. Svaret kom direkt. Du är välkommen till IES och de lade lönen exakt på mitten av det löneanspråk jag angett. Kanske hade jag varit för blygsam tänkte jag senare, men jag var så överlycklig över att ha fått tjänsten, trodde knappt det var sant så lönen var mitt minsta bekymmer. Istället började jag genast oroa mig för hur jag skulle klara av mitt kommande jobb. Det framstod som en helt ny värld för mig och mina förväntningar besannades verkligen.

De här åren, ja det blev inte bara ett år, är de mest upplevelserika under hela min yrkeskarriär som lärare. När jag började på IES hade jag varit lärare i 40 år på grundskolans alla stadier samt särskolans högstadium, så jag hade en hel del erfarenhet från olika lärmiljöer men IES var ett stort äventyr och förutom att jag bättrade på mina kunskaper i engelska språket så lärde jag mig otroligt mycket om läraryrket och om andra kulturer.

# FLYTTLASSET GÅR

Att få tjänstledigt ett år från min tjänst i Skellefteå var inga problem och det fanns också en kollega som höll på att utbilda sig till specialpedagog som stod på tur att vikariera på min tjänst under tiden som jag skulle vara i Göteborg. Jag hyrde ut vår gemensamma lägenhet ett år till ett par som var bekantas bekanta. Lämnade lite pinaler i lägenheten som jag tänkte plocka upp då jag återvände. Tanken var ju att jag skulle bo i Göteborg ett år och sedan återvända till Skellefteå.

Då jag förstod att en trerummare inte skulle bli aktuellt i en storstad och att jag dessutom skulle bo ensam sålde jag de flesta av mina möbler, samt fraktade en hel del saker till min stuga i Lombäcken, Boden. Allt mitt bohag som jag skulle ha ned till Göteborg fraktade jag ned i två omgångar med ett hyrt släp "hämta här och lämna där". Min sambo som nu transformerats till särbo och fästman, jo vi förlovade oss innan vi flyttade isär, var med vid första flyttlasset.

Det andra flyttlasset fick min bror hjälpa mig att köra ned då min sambo, som nu var särbo, bokstavligen var ute och cyklade. Vi startade tidigt på morgonen från Lombäcken, Boden och plockade upp ett släp i Skellefteå som vi fyllde med resterande möblemang från mitt förråd. Båda två var angelägna om att få köra då vi var lika åkrädda båda två så vi kämpade om att få hålla i ratten. Vid ett tillfälle då vi hade stannat för att få i oss en bit mat erbjöd jag honom ett glas vin men han gick inte på den finten.

Då vi gled in i Göteborg mitt i natten hade vi en makalös tur eftersom vi hittade en parkeringsplats alldeles intill lägenheten som även rymde släpvagnen. När vi kom in i lägenheten tog det inte många sekunder innan vi sov djupt, lyckligt ovetande om att det krävs två parkeringsbiljetter då man upptar två platser med bil och släp. Därmed hade min bana inletts som felparkerare i Göteborg.

*Mitt bohag fraktas ned till Göteborg*

När min bror lämnat av mig med släp och bil tog han flyget hem. Så bar det av till Linköping för att besöka mitt första barnbarn och därefter till Danmark där min särbo väntade tillsammans med några andra löparvänner för att delta i Europamästerskap för veteraner i friidrott. Min sambo hade cyklat till Danmark och de andra hade cyklat från Malmö. Det blev ett kärt återseende och vi hade en härlig vecka i Danmark. Blev inga pallplatser men vi fick medaljer efter ett genomfört halvmarathonlopp.

Vi åkte färja på hemvägen från Danmark och när vi kom hem till lägenheten i Göteborg var det midnatt och jag skulle börja jobba dagen därpå. Kanske inte optimalt upplägg, men inte troligt att jag hade kunnat slappna av och sova bättre om jag haft fler timmar på mig. Det var ju trots allt ett nytt spännande jobb som väntade.

# STORSTAD

Min anställning, som till min förvåning bara var en provanställning på ett halvår, började redan sjunde augusti så det blev lite spännande hur vi skulle lösa bostadsfrågan, men vi hade tur. Min dotter fick ett förstahandskontrakt på en fräsch lägenhet i närheten med inflyttning den första augusti. Det var verkligen inte en dag för tidigt. Vi hann precis flytta över hennes saker till den nya lägenheten i tid innan jag behövde ta min lägenhet i besittning. Så himla gött! Jo, jag hade lärt mig det uttrycket redan.

Jag hade några dagar på mig, innan allvaret började, att bekanta mig med storstaden Göteborg där alla sades vara så goa. Senare fick jag lära mig att det i vissa sammanhang kunde betyda att man var lite dum i huvudet. "É du go eller?" Nåväl de flesta göteborgare var hjälpsamma och när man öppnade munnen så tyckte de att man hade en sån härlig dialekt och det har Göteborgare också för övrigt kan jag tycka. Det lät så gemytligt när de "tjötade". Fast inte begrep de vad man sa och inte fattade jag heller vad de sa, speciellt om man var ute på löprunda med ett gäng och det knastrade i gruset då blev det mycket va? ursäkta? och hursa?

Jag utforskade staden med cykel, spårvagn/buss och bil. Konstaterade att man kommer snabbast och längst fel med bil. Åker man kollektivt så kan man alltid kliva av vid någon station och vända om men med bil kan du hamna på andra sidan stan då du gjort ett enda litet misstag vid en avfart. Jag har i skrivande stund kört i alla tunnlar och över alla broar i Göteborg och otaliga gånger har jag varit på fel sida om älven. Efterhand så började jag förlita mig på vägskyltarna istället för GPS och när jag flyttade från Göteborg så hittade jag hem till min bostad utan hjälpmedel.

Att cykla är det absolut smidigaste sättet att ta sig fram i Göteborg, förutsatt att du vet vilken väg du ska ta och att du ser upp för alla bilar, spårvagnar, elcyklar, elsparkcyklar och andra vanliga cyklister. Bilisterna var förvånansvärt hänsynstagande, de stannade vid varje cykelöverfart och det var inte utan att man tyckte synd om de köande bilisterna som fick vänta på att en ström av cyklister passerade vid Korsvägen. Men jag vet också att jag tänkte att en stor del av dessa bilister inte behöver ta bilen till jobbet utan de kör bil av ren bekvämlighet och det var många bilister som inte heller hade några passagerare, någon större samåkning var det inte tal om. De flesta som bor inom staden och dess utkanter kan antingen åka kollektivt eller cykla men väljer ändå att ta bilen.

Det som var allra farligast i trafiken var spårvagnar, elbilar, elcyklar och eldrivna sparkcyklar De sistnämnda hörs inte alls. Spårvagnarna tutade och plingade visserligen men det var inte så lätt att uppfatta det då det var nya ljud att ta in. Jag har varit med om flera incidenter som hade kunnat kosta mig livet men det har som tur var slutat väl.

En gång höll jag på att bli påkörd av en spårvagn som svängde över en korsning vid Vasaplatsen som jag skulle passera. Det var omöjligt att förutse att den skulle den vägen då föregående vagn gick rakt fram. Jag cyklade och svängde allt vad jag orkade också och föraren verkade inte uppmärksamma mig alls. Jag kom med nöd och näppe undan med blotta förskräckelsen och fick stanna till ett tag för att återfå normal puls. Hade det kommit något annat fordon från något annat håll så hade jag nog inte uppmärksammat det.

Efter denna incident så gick huvudet som en propeller vid varje korsning. Jag blev "streetsmart". Från början var jag lite dumdristig då jag trodde man kunde cykla mot rött ljus om det inte kom nån trafik. Det var jag ju van vid från Skellefteå. Skillnaden var bara att det hela tiden, dygnet runt, finns trafik i rörelse i Göteborg och det är inte så lätt att överblicka den. Elbilar hörs inte alls, de bara susar förbi och har du dessutom mössa och hjälm på dig så hörs de ännu sämre. Elcyklarna utgjorde ett stort hot då de ljudlöst dök upp från ingenstans med en fruktansvärd fart och ofta hade de en låda framför sig så att det skulle göra extra ont att krocka med dem.

Elsparkcyklarna var det likadant med men det som var värst med dem var att de kunde finnas övergivna på de mest irriterande ställen, till exempel mitt på cykelbanan. Ibland stannade jag till för att plocka dem åt sidan men då kunde det hända att jag hade någon strax bakom mig som fick tvärnita för att inte krocka med mig och det fick jag minsann veta att jag skulle låta bli att stanna på cykelbana utan att ge tecken. "Så kan du inte göra!"

Borde nog ha hängt en skylt bak på cykeln "Born and raised in Norrland". Jag hade beställt ett klistermärke som var avsett att sättas upp bakpå bilen, men jag vågade aldrig sätta dit det.

*Vågade inte skylta med att jag kom från Skellefteå*

Men till att börja med så behöver man en GPS. Mycket snart upptäckte jag att det stal mycket ström från mobiltelefonen och när strömmen tar slut blir du ganska hjälplös, speciellt om du inte har någon aning om vart du befinner dig. Då batteriet tar slut är man både borttappad, onåbar och sårbar. Du kan inte ens låna en telefon och ringa en vän. Hur många är det egentligen som kan telefonnummer till nära och kära utantill? Jag vet inte heller om jag hade velat ringa någon och berätta att jag inte visste vart jag befann mig. Det hade varit under min värdighet.

Ja, jag har kanske inte världens bästa lokalsinne samtidigt som jag nog förlitar mig nog på tekniken alltför mycket. Jag kan gå vilse i min hemstad också och i skogen är det ännu värre. Att använda GPS är inte enkelt heller. Jag vet fortfarande inte i vilken riktning jag ska gå. Måste prova mig fram genom att röra mig i någon riktning och därefter se om pricken på skärmen rör sig åt rätt håll. När jag har en papperskarta i handen så brukar jag vrida den åt rätt håll så att den överensstämmer med verkligheten, men det är svårt då kartan är digital eftersom den då vänder tillbaka i mobilen.

Att det var olika färdriktningar på cykelbanorna framgick inte heller av GPS: en, men det blev jag snabbt upplyst om av sura medtrafikanter. Så många gånger jag körde i fel färdriktning går inte att hålla reda på och det grövsta brottet var nog att köra i motsatt riktning på Götaälvbron då blev du alltid påmind om det av någon arg mötande cyklist som tagit på sig att vara ordningsman. "Fel håll!" skrek de åt mig men då var jag oftast på krönet av bron och hade ingen lust att vända om och ta stigningen igen.

Det var nästan lika spännande att rulla utför den branta bron, jag vågade aldrig släppa bromsen, speciellt inte på vintern då det kunde vara snorhalt. Flera gånger såg jag modiga/dumdristiga, oftast unga män, som åkte på motordrivna Segways utan något handtag att hålla sig i och de susade förbi mig i nedförsbacke och kurva i en hiskelig fart samtidigt som de var fullt upptagna med att stirra på sin mobilskärm. Måste vara tryggt att tro att man är odödlig!

Jag bodde på Hisingen intill Selma Lagerlöfs torg i Blå staden de första åren och det var nog en räddning för mig för man kunde skymta både torget och de blå husen på långt håll fast det kunde ändå vara knepigt att veta hur man skulle cykla eller köra för att nå målet.

När jag cyklade till stan så hade jag den höga skyskrapan "läppstiftet" att orientera mig efter. Efter att ha virrat runt och varit helt borttappad, förtvivlad och sjöblöt av både regn och svett beslöt jag då jag kom äntligen kom hem att införskaffa en powerbank.

Men så småningom erfor jag att Göteborgare kör också fel. När jag blivit mer öppen om mina svårigheter att hitta så var det många "infödda" kollegor som berättade att de alltid hamnade på fel sida om älven. Trösterikt att höra.

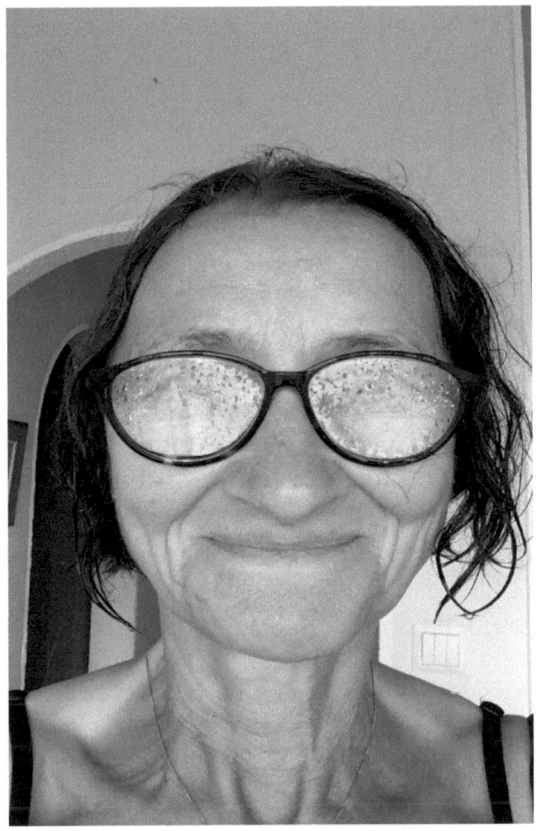

*Blöt men lycklig över att ha hittat hem.*

För att ytterligare understryka skillnaderna mellan småstaden Skellefteå och storstaden Göteborg så måste jag nämna att då jag flyttade till Skellefteå i slutet av 70-talet så fanns det ett hus som omnämndes som höghuset. Just det. I bestämd form. Fanns inte en chans att missa det då det dessutom var byggt på en höjd. Jag skulle inte bli förvånad om det fortfarande heter så i folkmun trots att det nu finns många fler och betydligt högre hus.

När jag flyttade till Skellefteå var jag i tjugoårsåldern och alltså inte infödd i "schtaan". Om man frågade om vart någonting låg så kunde man få en beskrivning att det låg där gamla posten låg, eller bakom Stigs konditori. Inte lätt att begripa för en nyinflyttad.

Till sist, så lärde jag mig att låsa dörren till min lägenhet i storstaden Göteborg även då jag var hemma och det var mitt på dagen. Det kändes verkligen överdrivet. Hemma i Skellefteå låste jag dörren då jag gick hemifrån och på kvällen. Om jag bara gick ut med soporna eller till tvättstugan så låste jag inte alls. Men det blev snart en vana att låsa så fort man kom innanför dörren. Alla andra gjorde det blev en vana för mig också.

Inte för att jag tror att det behövs mer låsning i Göteborg än i Skellefteå. De flesta människor är ärliga, men man är kanske mer misstänksam mot andra i en storstad där man känner sig mer anonym. Det var inte så ofta man träffade på någon bekant i Göteborg när man var på stan. I Skellefteå så kände man inte alla heller, men det dök alltid upp något ansikte som man kände igen då man rörde sig runt stan.

# FÖRSTA DAGEN PÅ JOBBET

På mina cykelturer runt stan hade jag givetvis cyklat till jobbet för att hitta dit och det hade varit ett litet äventyr för sig. GPS:en tog vägen förbi den berömda Näckrosdammen, ett i och för sig trevligt inslag på färden, men det innebar också en tur som ledde både uppför och nedför trappor, vilket inte var så praktiskt med cykel.

Jag hade ju som sagt konstaterat att bästa transportmedlet i Göteborg var cykel, men då jag hade elva kilometer till jobbet och därtill skulle cykla över Götaälvbron så visste jag att jag skulle vara svettig och allmänt ofräsch när jag kom till min första dag på jobbet och det var ju inte helt optimalt, visste inte heller om det fanns duschmöjligheter på jobbet, så jag beslutade mig för att ta bussen den första dagen på jobbet.

Under mina irrfärder i Göteborg hade jag lyckats införskaffa fler presentabla kläder samt ett par ljusa och ett par mörka pumps så jag kände att jag var ganska OK. Det enda som störde mig var att jag hade ingen elegant väska, bara en sportryggsäck, så jag försökte smyga med denna "opassande" accessoar, den åtgärden skulle jag ta itu med så snart som möjligt hade jag bestämt. Det visade sig också vara överdrivet hysteriskt formellt tänkt från min sida, där fanns alla typer av väskor, men jag skaffade ändå en fin skinnryggsäck som precis rymde ned en pärm. Den parkerade jag på jobbet och fortsatte att cykla med min sportryggsäck.

Jag var förstås där i god tid och det första jag ser är två eleganta unga damer som kommer strosande uppför backen till skolan med varsin latte i handen. Jag höll nästan på att svimma då jag ser att de går in på skolgården, tänkte att de där två kommer jag inte att matcha. De kommer fram till mig och hälsar på engelska och jag hakar på så gott det går. Har barnens ord ringande i öronen "hur kommer du att klara engelskan då mamma?".

Det visar sig att de här damerna är också nya på skolan och de är minst lika spända och nyfikna som jag. Fast de verkar inte ha problem med språket i alla fall då de är "born and raised in UK". Jag tar fasta på den frasen för jag befarar att jag inom kort kommer att bli tvungen att presentera mig på engelska. Då vi går runt och inspekterar lokalerna släpper min spänning lite grand då jag inser att fastän de hade plattat håret, var tjusigt sminkade och bar eleganta märkesväskor så var det här också deras första dag på jobbet och "kusinen från landet" som hade anslutit sig var minst 30 år äldre och hade lång erfarenhet i skolvärlden.

Jag överlevde första dagen och hade till och med riktigt trevligt. Presentationen gick bra "born and raised in Boden" och sen klämde jag in att jag kände till att Skellefteå AIK var konkurrenter med Frölunda. Jag är tämligen ointresserad av hockey, har bevistat en enda hockeymatch live i Skellefteå, men jag hade förberett mig redan inför anställningsintervjun med att kolla in hur Skellefteå AIK och Frölunda låg till i tabellen fast gudskelov kom vi inte in på det ämnet då.

Dagen blev inte sämre av att jag och min närmaste kollega hade likadana skor. En liten detalj som fungerade bra som en "icebreaker".

*En kollega med god smak.*

Den introduktion som jag fått på mina tidigare jobb har i stort sett varit obefintlig om man jämför med den introduktion som gavs på IES. Jag är van vid att någon kollega visar mig runt i lokalerna och att ens närmsta kollega får svara på alla frågor om den nya arbetsplatsen.

IES däremot har en tradition av att kalla in alla nya lärare en vecka tidigare än andra lärare för att de ska lära känna organisationen och dess policy och intentioner. De presenterade *"den trebenta stolen"* där varje ben representerade olika saker och om man tog bort ett ben så blev stolen omöjlig att sitta på.

1. Att säkra en lugn och trygg lärmiljö, i vilken lärare kan undervisa och elever lära.
2. Att elever ska lära sig fullt behärska det engelska språket, som är nyckeln till världen.
3. Att varje enskild elev ska mötas av höga akademiska förväntningar, oavsett elevens bakgrund, samt erövra normen av hårt arbete, även genom motstånd, för att nå sin fulla potential.

Nytt för året var att vi skulle införa begreppet "Grit" bland eleverna som när vår rektor översatte det till svenska blev "jävlar anamma". Kan också översättas till "tåga". Det var säkert fler skolor som pratade om detta begrepp 2017 eftersom nya trender brukar smitta av sig. I stora drag var det att övertyga eleverna att inte ge upp för snabbt utan försöka kämpa på och göra sitt bästa samt också det lilla extra som krävdes. Finskans "sisu" passar nog också in i det här sammanhanget.

Det pratades också mycket om "tough love" och som jag tolkade det var det att ge eleverna kärleksfullt motstånd eller att vi lärare skulle kräva mycket av eleverna för deras eget bästa.

Vi fick en noggrann genomgång om vad IES hade för riktlinjer och vi hade ett minutiöst program varje dag, skrivet på engelska givetvis, och det var en del förkortningar som jag inte hade koll på så det blev den del missar. Vid första anblick såg det ut som om vi skulle bli bjudna på lunch varje dag och restaurangen verkade heta BYO. Det betydde By Your Own, alltså egen matlåda, hämtmat eller valfri restaurang.

När eleverna var där så åt all personal i matsalen gratis och det var väldigt bra mat där, åtminstone första året, nackdelen var att det var väldigt trångt och bullrigt i matsalen. Personalen turades om att vara måltidsvärdar och eleverna torkade av sin matplats efter att de ätit klart med en våt trasa som de hämtade av måltidsvärden.

Vi fick i god tid lära känna skolledningen och övrig administrativ personal som alla var väldigt engagerade i både elever och personal. Vår rektor, Ms R, bytte till svenska så fort det inte var någon engelsktalande i rummet och det kändes väldigt skönt. Hon var duktig på engelska, men var förstås mer bekväm med att tala svenska. Tilläggas kan att hon var bara något år yngre än mig och vår generation har ju inte "badat" i engelska som våra barn har gjort. Det var inga problem att förstå vad som avhandlades, men att uttrycka sig på ett annat språk är svårare, speciellt om du är spänd eller om det är en mer komplicerad diskussion.

Men mina barns farhågor att jag inte skulle klara språket kom på skam då jag under min tid på skolan växte med uppgiften och många gånger fick rycka in som tolk åt mina engelsktalande kollegor då de skulle ha utvecklingssamtal med föräldrar som inte behärskade engelska så bra utan föredrog att få samtalet på svenska.

Att skolan skulle styra personal och elever med en järnhand hade jag befarat då jag läste förhållningsregler för personal och elever men vår första chef använde i första hand silkesvantarna. Det är otroligt viktigt att man väljer rätt ledning om man ska nå sina mål. Ms R hade ett vänligt och tillmötesgående sätt som gjorde att de flesta ville gå henne till mötes och det var en allmän uppfattning på hela skolan. Jag hörde aldrig någon säga något negativt om henne.

Hon krävde mycket av sin personal och elever men hon hade också förmåga att se varje personals och elevs potential och hon var alltid beredd att förhandla. Hon bad vänligt om det hon ville ha utfört och pekade inte med hela handen och hon jobbade nog hårdast av alla på skolan. Ingen uppgift var främmande för henne. Det var många elever som kom in på hennes kontor och avlastade sina bekymmer för henne och det var sällan hennes dörr var stängd. Kort sagt andan var god på skolan under hela hennes tid som rektor.

# SOLVIKINGARNA

Utan Solvikingarna hade det inte fungerat att bo i Göteborg. Där kopplade jag av och laddade mina batterier och de blev som min andra familj. Jag hade ju förvisso mina döttrar i samma stad men att bygga upp mitt sociala liv kring dem hade inte varit lyckat.

En plats i en kravlös idrottsförening betyder mycket. I föreningen fanns det alla möjliga åldrar, yrken, kön och löparkapacitet och det vi hade gemensamt var att vi alla mådde bra av att springa. Det finns alltid något att diskutera då man umgås med likasinnade och vi hann avhandla mycket mer än löpning under våra pass.

Solvikingarna kom att bli mina vänner och då de flesta arbetade på dagarna så är det inte så mycket umgänge man hinner med på kvällarna men när man har avverkat ett löppass då har man förutom det fysiska välbefinnandet hunnit avhandla glädje och sorg i löpspåret, bastun och fikastunden. Vi som träffas på det sättet flera gånger i veckan har nog mer socialt umgänge än de flesta andra.

*Så stolt över att få tillhöra Solvikingarna*

Klubben tog emot mig med öppna armar från första stund och den som jag minns bäst från den första tiden var Gunnar Olsson, som tyvärr inte längre finns kvar i livet. Han lärde sig alla namn blixtsnabbt och kom också ihåg dem. Alla som mött honom har känt sig välkomna och sedda. Han var också känd för sina "Göteborgsvitsar" som han levererade i farten av bara farten. (Den formuleringen hade nog Gunnar gillat) Att han var en duktig löpare gjorde inte saken sämre och han brukade skämta om att det var många brudar som sprang efter honom och om man trillade i spåret så tolkade han det som att man fallit för honom.

När det blev känt att jag tänkte springa Göteborg Marathon, som det året hade VSM-status (veteran SM) så tyckte de att "den där Norrländskan" skulle gå över till Solvikingarna snarast möjligt eftersom jag på grund av ålder och kön hade god chans att ta Veteran SMmedalj. Nu hanns den övergången inte med utan jag tog VSM-silver för Skellefteå AIK istället. En klubbkompis i Solvikingarna knep överlägset guldet.

Men fyra år senare så fick jag chansen att bjuda tillbaka åt Solvikingarna och ta VSM-guld åt dem. Okej, måste kanske tillägga att den första gången var vi två i samma åldersklass och den andra gången var jag ensam i min åldersklass så placeringen var given men jag genomförde ju loppet och de som inte var där och kämpade om placeringarna kan ju inte få någon medalj. Det är det som är fördelen med att bli gammal. Om du håller ut tillräckligt länge så finns det inga konkurrenter kvar.

*VSM Guld K60 2017 Jaana Joobe*
*VSM Guld K65 2021 Edith Hult, Solvikingarna*

När jag tidigare hade besökt Göteborg så fick jag följa med min dotter på några träningar med Solvikingarna och jag tyckte att deras koncept passade mig bra. Det liknade min tidigare friidrottsklubb, Skellefteå AIK, hade bara lite fler medlemmar och därmed större utbud. Jag åkte på flera läger och tävlingar med Solvikingarna och det är något som jag saknar idag.

Avståndet hemifrån till träningen var nio kilometer, men om jag cyklade till träningen direkt efter jobbet så blev det bara fem och så slapp jag att cykla den höga och jobbiga Götaälvbron på hemvägen och hade då bara nio kilometer, mestadels utför, kvar att cykla hem. Vi tränade tre gånger i veckan och på lördagar blev det förstås nio kilometer tur och retur men efter ett stadigt fika i klubbstugan så var det gött att rulla hem.

Några fritidsproblem hade jag således inte och jag hängde nog hos mina barn i lagom mängd. De bodde dessutom också långt ifrån min bostad de första åren. Jag nämnde för någon att det kändes som om jag bodde på en ö, ingen har vägarna förbi och det är långt dit jag ska. Då upplyser en klok person mig om att det är just vad jag gör, du bor på en ö, Hisingen är en ö.

# VÅR KANSLIST

En av de viktigaste personerna på en skola är nog kanslisten, det
är hen som har överblicken över skolan och är spindeln i nätet.
Jag har arbetat med flera fantastiska kanslister under mina år
som lärare, men Ms G liknade inte någon person som jag mött
förut, de kunde inte ha hittat någon lämpligare person för det
jobbet. Hennes utbildning och kompetens överskred vida det
jobb som hon hade och hon skötte det med en effektivitet och
energi som jag aldrig sett maken till.

Hon hade kommit till Sverige med sin man men kunde inte få
anställning i det yrke hon var utbildad för då hon inte
behärskade svenska, därför sökte hon då anställning på Engelska
skolan som kanslist. Samtidigt som hon både pratade och
arbetade snabbt var hon dessutom vansinnigt rolig. Ett riktigt
yrväder med en kapacitet som var svår att slå. I hemlighet så
döpte jag henne till "Lilla My". Nej jag såg henne aldrig arg,
som karaktären i Tove Janssons böcker, men jag förstod att hon
hade skinn på näsan för hon utstrålade respekt vid sidan om sitt
vänliga och korrekta bemötande.

Att vara kanslist kan ju betyda mycket men hon gjorde så
mycket mer än vad som krävdes av henne. Varje morgon
skickade hon ut en rapport om vilka som var lediga, sjukskrivna
eller skulle vara oanträffbara vid någon tidpunkt på dagen och
avslutade sina meddelanden med någon bild eller aforism som
hon hittat på nätet. Dessutom höll hon reda på när personalen
hade namnsdag, fyllde år och skickade ut den informationen till
samtlig personal och inte bara då man fyllde jämna år!

Vid mina tidigare anställningar har jag varit van att springa runt och leta upp det material jag behöver för att kunna starta upp mitt arbete, i bästa fall har man fått veta vart materielrummet legat. Här på IES hade Ms. G plockat ihop en korg till var och en av de nyanställda med det nödvändigaste kontorsmaterialet. Blev alldeles tårögd över att få en egen håltagare, tejprullshållare och häftapparat, det jag tidigare delat med tio andra. Var så tacksam som bara en tidigare kommunanställd lärare kan bli av denna service.

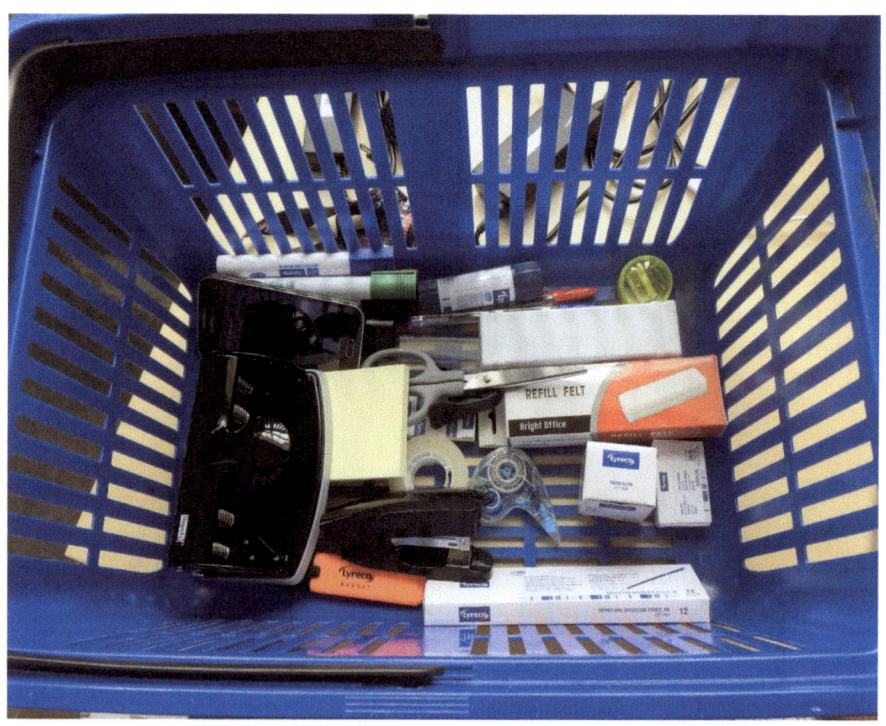

*Min korg med egen håltagare, tejprullshållare och häftapparat*

# FIKA TILL KONFERENSEN

Då jag berättade för mina bekanta att firman bjöd på kaffe varje dag så höjde de på ögonbrynen av förvåning över att jag tyckte det var så märkvärdigt. Mina före detta arbetskompisar som var anställda på kommunala skolor tyckte däremot att det var en otrolig lyx.

Ja, det är faktiskt så bedrövligt. Kommunanställda får inte bara betala för kaffet, de måste också köpa in och brygga det själva och då har det utvecklats olika system på olika skolor där man ibland betalar till en kaffekassa och turas om att köpa in kaffe eller att man köper in ett visst antal paket beroende på hur mycket man dricker eller att var och en har med sig en egen burk med snabbkaffepulver. Oavsett vilket system man har på respektive skola så brukar det vara svårt att få det att fungera och det bidrar till konflikter då det alltid är någon eller några som av olika anledningar missar att fullfölja sina plikter.

Vid en arbetsplats hade vi en kaffeautomat som bryggde väldigt gott kaffe och det fanns många olika sorter att välja på. Nackdelen var att alla stod i kö för att hämta kaffe på den korta rasten, det tar ju sin tid att brygga i apparat, och dessutom blev kaffet väldigt dyrt och "taggen" behövde laddas med jämna mellanrum och det skulle givetvis någon anförtrodd ur personalen sköta om på sina raster.

Att bjuda någon förälder på kaffe var alltid knepigt, antingen så var det kollegornas kaffe eller så skulle man ta ur "egen ficka". Kändes snålt att inte kunna bjuda på en kopp kaffe då man hade besök.

Mjölk i kaffet innebar också ett problem. Då måste man vara medlem i "mjölkligan" och köpa mjölk när det var ens tur, vilket inte fungerade då det var så många inblandade och det ledde i sin tur till arga lappar på kylen då mjölken tog slut. Jag tog tidigt beslutet att mjölk i kaffet var något jag skulle undvika då jag för det första aldrig varit beroende av det och för det andra inte ville vare sig höra eller delta i oväsentliga diskussioner om vems tur det var att köpa mjölk.

Under mina år i Göteborg transformerades jag till en som drack "kartongkaffe". Namnet anger färgen på kaffe med mjölk. Jag blev också inspirerad att skumma mjölken. Har man inte tillgång till mjölkskummare kan man skaka mjölkpaketet tills önskad effekt uppstår. Viktigt bara att stänga korken ordentligt...!

På IES kunde vi hämta mjölk från "Bamba", som alla skolmatsalar kallas i Göteborg, och kaffet var som sagt gratis. Vi turades om att vara köksvärdar tillsammans med en annan kollega en vecka varje termin. Uppgiften var att se till att personalrummet var i någorlunda skick och att sätta igång och plocka ur diskmaskinen. Det var också en nyhet för mig, att ha diskmaskin på jobbet. Uppdraget var inte så betungande, men att ansvara och bjuda på veckans fika inför konferensen på IES var betungande. Det liknade en överdådig hotellfrukost och var ett stressmoment då det inte minst var svårt att frakta det exklusiva fikat till jobbet på cykel. Denna "fikased", att bjuda på fika till veckans konferens, var jag van vid från tidigare skolor och den kunde skilja sig lite från olika ställen men i stort sett så var det samma stuk på den. Men på denna skola var den verkligen outstanding.

Konferensfikat har sitt ursprung från då vi började med gemensamma konferenser varje vecka på 80-talet. Jag minns så väl hur upprörda alla blev då det kom beslut att vi skulle ha konferens med samtlig personal en gång per vecka. Var det verkligen nödvändigt? Vad skulle avhandlas då? Jag minns att en äldre kollega som hade en lång lärargärning bakom sig blev så ilsken att han sa upp sig med omedelbar verkan och gick något år tidigare i pension. Numera är det ingen som funderar över vad som ska avhandlas och förutom den gemensamma konferensen för all personal så är resten av arbetsveckan oftast fullbokad med andra möten i ämnesgrupper mm. Trots att den mesta informationen kommer via mail eller på skolans gemensamma webbforum.

De gemensamma konferenserna kan i regel inte börja förrän 16:30 eftersom lektionerna måste hinna avlutas för dagen. Då är det nödvändigt att få i sig något så man skulle orka att hålla sig alert mist en timme till på konferensen efter en dags full arbetstid. Det började säkert med en macka men trappades upp allt eftersom och där låg IES i topp. Men en sak som var gemensamt på alla skolor var att det var en dödssynd att glömma bort sitt ansvar för fikat till konferensen, ja nästan värre än att glömma en lektion.

Det finns en historia om en man som jobbade på en skola i Skellefteå som möttes av total tystnad då han steg in i personalrummet till konferensen 16:30. Han insåg då att han var ansvarig för fikat denna vecka. Han jobbar inte kvar på den aktuella skolan. Vet inte om det var fikat som blev hans fall.

Så många rader om oväsentligheter som kaffe med tillbehör. Men jag lovar att tidigare kommunalanställda lärare inte tycker att det här är oväsentligheter. Att arbetsgivaren inte ens kan ombesörja att de korta rasterna mellan lektionerna kan bli en välbehövlig paus och åtminstone tillhandahålla kaffe och te är inte en oväsentlighet. "Men ska verkligen skattebetalarna betala det?" tänker nog många.

# INGEN "TIOMINUTERSSTAD"

Nu när jag bodde in en storstad så skulle jag ju förstås passa på och utnyttja alla sevärdheter och nöjen men det blev inte så mycket av med det då arbetsdagarna var långa och det tog tid att transportera sig till och från jobbet. Cykelturen till jobbet tog ca 40 minuter enkel väg, och då var man i regel svettig och måste duscha då man kom till jobbet. Jo, det fanns en dusch som vi samsades om några stycken. Jag lärde mig efter hand vilken tid som var lämplig att komma dit så vi inte skulle krocka. Den användes av både herrar och damer.

Om jag tog bussen tog det ungefär lika lång tid, gå men då hade jag knappt vaknat när jag kom till jobbet, på bussen kunde man slumra till men inte på cykeln. Men förbindelserna var utmärkta. Jag åkte buss någon gång då och då och jag fascinerades över hur många det var som sprang till bussen eller spårvagnen. Det kom ju alltid nya efter bara några minuter. Fast det var lätt att ryckas med i stressen och aldrig gå ut i tid utan i sista sekund och sedan springa sista biten. Jag skämdes då busschauffören en gång inväntade mig och jag tackade såklart när jag flämtande steg på.

Ungdomarna var förvånansvärt artiga i den kommunala trafiken. Första gången jag blev erbjuden plats blev jag nästan förnärmad. Ser jag verkligen ut som en gammal kärring? Men jag vande mig förvånansvärt snabbt och tackade artigt ja då jag fick tillfälle att sitta istället för att stå.

Att efter jobbet hinna göra någon annan aktivitet krävde planering och helst skulle man åka dit direkt efter jobbet för att hinna. Det var så jag löste mina träningar med Solvikingarna som höll till i Skatås naturområde. Två gånger i veckan åkte jag dit efter jobbet och på lördagar cyklade jag dit till klockan tio för att springa långpass och när jag kom hem var klockan ett, mitt på dagen. Fast då hade jag duschat, fått ett stadigt fika i klubblokalen och haft en mysig social samvaro.

Det var stor skillnad mot vad jag var van vid. Jag som hade haft fem minuters cykelväg till jobbet och till träningarna sprang jag på mindre än tio minuter. Som sagt långa dagar och långa transporter i en storstad gör att man inte får mycket fritid över, men på helgerna försökte jag oftast hitta på något efter långpasset i Skatås med Solvikingarna på lördagar.

Jag hade ju också ett nytt boende, med allt vad det innebar. Att få ordning på alla grejor och skaffa det som saknades tog sin tid också. Det första som inhandlades var en säng. Hade som tur var en bil med dragkrok och nära till IKEA som lånade ut släp och sen tog jag hjälp av barnen och deras respektive för att få hjälp med att bära in den. Jag hade så nära till IKEA, ca 3 km, att jag ibland tog en promenad dit bara för att strosa runt där och det tyckte jag var fantastiskt lyxigt. De flesta gånger köpte jag bara en kopp kaffe där. Oj så lättroad man kan var om man kommer från en småstad, tänker väl du som läsare nu?

Utbudet i Göteborg var enormt så jag gick på teater, åkte ut i skärgården, gick på restaurang, Liseberg, bio med mera. Men det var som sagt i huvudsak på helgerna man orkade och hade tid för sådana utflykter.

Tidigare hade jag bott i en "tiominutersstad" som en återinflyttad person kallade Skellefteå. Hon menade att det tog maximalt 10 minuter att ta sig till jobb eller någon annan aktivitet vare sig du gick, cyklade, tog bil eller buss.

Bokade besök på vårdinrättningar, bilbesiktning, frisör etc. var bara 10 minuter bort även om det låg på andra sidan stan. Jag hade aldrig förstått hur enkelt livet var i en småstad. Utbudet var visserligen inte lika stort men det var också mer lättillgängligt. Jag hade höga förväntningar på musik-och teaterföreställningar i Göteborg, men de infriades inte. Jag uppskattar mindre scener där man kommer nära artisterna och aktörerna då man på de stora arenorna mest ser det som visas på stora skärmar och då tycker jag man lika gärna kan sitta hemma i soffan och se på sin egen TV-skärm.

Dessutom är det hutlöst dyrt att gå på större evenemang. Men några godbitar lyckades jag hitta, till vettiga priser och lagomt stora arenor, som till exempel Carl-Einar Häckner och Maria Lundqvist. Men ingen föreställning kunde mäta sig med Västerbotten- och Norrbottenteaterns rikliga kvalitetsutbud och dessutom de lokala förmågorna som vi har i Lövångersrevyn.

På tal om lokala förmågor så var det inte ovanligt att man såg något bekant ansikte ute på stan och just som man tänkte hälsa så kom man på att det var en "kändis" och inte nån man kände. Såg Ulla Skog smyga runt bland montrarna på Åhlens, maskerad med mörka solglasögon och tänkte precis hälsa då jag insåg vem det var.

Att kunna åka ut till Göteborgs skärgård enbart på lokaltrafikens biljett var härligt, men det tog en dag i anspråk och helgerna var det ofta fullt på vagnarna. Jag lärde mig snabbt att det var lite töntigt att säga att man tog spårvagnen. Det hette helt enkelt bara vagnen. Ej heller pratade man om Håkan Hellström, i Göteborg kallades han bara Håkan.

Det fanns dock paralleller som man kunde dra mellan Skellefteå och Göteborg. Det gäller att bo på "rätt" sida om älven och i rätt väderstreck. I Göteborg var det fel att bo på västra sidan om älven på ön Hisingen och om man nu ändå hamnade där så skulle man undvika områdena Länsmans- och Biskopsgården. Men bodde man i Västra Eriksberg så var det lite högre standard på boendet och mittemot, på östra sidan om älven låg det populära området Majorna som tidigare hade varit arbetarbostäder men nu hörde till den finare delen.

Sämst rykte på östra sidan av älven var områdena Bergsjön och Angered. Optimalt var att bo i sydvästra Göteborg. Helst i skärgården. De två första åren hade jag postadress Hisings Backa. När jag flyttade till Kviberg flyttade jag också fram mina positioner då jag fick postadress Göteborg.

I Skellefteå skulle man bo på norra sidan om älven för att hamna rätt och därefter skulle man sträva efter att hamna på västra sidan om E4:an. Finaste områdena, och nu pratar jag om tiden före batterifabriken det kommer förmodligen att se annorlunda ut när Skellefteås nya struktur växer fram, var utan tvekan Vitberget, även kallad "gräddhyllan". De områden på norra sidan som hade sämst rykte var nog Morö Backe, som låg på östra sidan om E4:an.

På södra sidan (fel sida) om älven gällde också att det var bättre att bo på västra sidan om E4:an där området Sunnanå låg. Hamnade man på östra sidan så hade området Anderstorp inte lika bra rykte. Kikar man på ytterområden som låg ca en mil från Skellefteå så var det bättre att bo i Myckle, Medle, Klutmark, som låg västerut. Bergsbyn, Skelleftehamn och Stackgrönnan var inte lika populärt. Nordväst är alltså det optimala boendet i Skellefteå.

Har bott på många områden i Skellefteå och när jag flyttade därifrån var jag på topp statusmässigt enligt vad som ansågs i "schtaan", men det var också där som jag råkade ut för flest stölder och skadegörelse. Då jag bodde på det dåligt beryktade Anderstorp hade jag glömt att låsa både cykel och dörr flera gånger nattetid och det hade gått bra. Inbrott är kanske mer lönsamt i de mer välbeställda områdena?

# INTRODUKTION ELLER
# INDOKTRINERING?

Introduktionsveckan på jobbet avslutades med en resa till Stockholm för alla nyanställda. Det var givetvis företaget som bjöd och när vi kom dit, kraftigt försenade av SJ, så tog vår medföljande kollega från skolan beslut om att ta taxi för att hinna till mässan i tid.

När vi kom dit "just in time" i den fullsatta aulan som rymde flera hundra personer så var det nästan fullsatt, men vi lyckades hitta platser åt alla. På varje plats fanns det sjalar och slipsar med IES logga på, presenter till de nyanställda. Jag sparade min scarf länge, men jag använde den aldrig och såg ej heller någon annan på skolan som använde vare sig scarf eller slips med IES logga, tror de flesta tyckte att det var en lite fånig sak att ta på sig. Jag behöll min scarf men använde den aldrig.

*Scarf och slips som introduktionsgåva på IES*

Kort därefter äntrade Barbara Bergström, IES grundare och ägare, in på scenen. Iklädd glänsande ljusblå dräkt välkomnade hon oss "from the deep of her heart" och upprepade detta många gånger. Hela föreställningen, om man nu får kalla den det, liknade ett väckelsemöte och jag började fundera på om det var någon sekt jag hade blivit värvad till? Var detta introduktion eller indoktrinering?

Barbaras intentioner var ärliga och uppriktiga men det kändes inte som om de hade markkontakt. Hon berättade bland annat att det som hon först gick och inspekterade när hon kom till en skola var toaletterna. Det var otroligt viktigt att hålla dem fräscha. Ja, vem kan säga emot det? Inget hon sa var direkt galet, men det blev lite för mycket av det goda. Det fortsatte i den stilen hela dagen och jag blev mer och mer fundersam till vad jag hamnat i. Som tur var hade jag med mig kollegor som hade båda fötterna på jorden men om detta hade varit första introduktionsdagen så hade jag klivit av direkt. Som tur var hade jag ju varit på min arbetsplats en vecka och visste ungefär vad som väntade mig då jag återvände till verkligheten i Göteborg och de kollegor och chefer jag skulle arbeta tillsammans med.

Första arbetsveckan med all personal var också väldigt omtumlande. Att lära känna så många nya kollegor på samma gång och dessutom använda engelska som främsta kommunikationsmedel var ansträngande för hjärnan. När jag kom hem på kvällarna var jag helt slut i huvudet men mycket nöjd över min nya arbetsplats.

Veckan avslutades med att vi blev bjudna på en middag med rollspel där deltagarna tilldelades roller med olika uppdrag samt en summa pengar att förvalta. En väldigt ovanlig och trevlig kickoff. Jag gick in i min roll med full styrka och skulle spela exfru till vår vice rektor. Vi kom i hetsiga diskussioner och det kändes lite underligt när vi sen skulle återgå till verkligheten och gå ifrån våra roller. Som tur var blev vi inte ovänner på riktigt. Vår rektor visade sig var den som sålde knark i församlingen och det var ju väldigt otippat. Hon skötte sin roll med bravur.

# VÄDRET I GÖTEBORG

I Göteborg regnar det väldigt mycket, några kallar staden för
"Blöteborg" och det kan man nog stå ut med om det inte hade
varit för blåsten som gör att det regnar horisontellt och då är det
bara kraftiga regnkläder som kan stå emot det.

Jag provade cykla över Göta älvbron med en kraftig och
påkostad regncape, men den fungerade inte alls. Den bildade för
det första ett kraftigt vindmotstånd och när det inte blåste
motvind så blåste capen upp och du var lika blöt som om du inte
haft några regnkläder alls. Nej, Cape fungerat på utomhusteater
och konserter utomhus där man inte kan ha paraplyer då de
skymmer sikten för bakomvarande publik.

Att använda paraply är också omöjligt eftersom det blåser
sönder direkt, såvida man inte har ett paraply som man kan
vända mot vinden och vika tillbaka. Det finns sådana på Kjell &
Company men de var slutsålda i Göteborg så jag fick importera
sådana från Skellefteå. En regnig och blåsig dag så var
papperskorgarna fulla av demolerade paraplyer.

*Demolerat paraply, en inte alltför ovanlig syn i Göteborg*

*Paraply som var slutsålt i Göteborg*

När det snöade någon dag så blev verkligen uppståndelse. De flesta tyckte att det var fantastiskt. Staden levde verkligen upp då marken var täckt av snö och eftersom de flesta visste att det inte skulle vara för evigt så förvandlades varje liten knix till pulkbacke och det var förvånansvärt många som hade en pulka i förrådet. Hade man inte det så åkte man på något annat, svarta sopsäckar var ett alternativ. Jag hittade en backe där någon eller några kloka personer hade lagt bildäck att krocka med i slutet av backen istället för att hamna ute på en trafikerad väg.

*Skyddsmur av däck i slutet av en pulkabacke.*

Vi från norra Sverige brukar ju håna och skratta åt att det blir snökaos söderut om det kommer några centimeter snö eftersom det inte finns tillräckligt med resurser för att klara av snöfall. Det blir för kostsamt att ha beredskap för eventuell snö som inte bara är sällsynt utan också kortvarig så man blir kanske lite mer förstående för dessa stackars sörlänningar då man bott där ett tag.

Nu måste jag också påpeka att Göteborgarna räknar sig inte till södra Sverige. De blir väldigt förnärmade då man påstår det. På den punkten är de som centerpartister var förr i världen, de ville inte stå med ett ben i varje ände utan stå extremt i mitten. Den rätta benämningen på vart Göteborg är placerat är alltså Mellansverige. Där är det noga minsann. Men bor man norr om Gävle så kallas man "Norrlänning".

Ja, det blir verkligen kaos med snö i Göteborg, men också mycket glädje. På skolgården kunde man se rusiga elever av lycka som kastade snöboll, det kan man i och för sig se på en skolgård i Skellefteå också, men det är en viss skillnad då man ser högstadieelever bli alldeles ystra och lyriska av ett snöfall. Jag kunde se det från första parkett från mitt arbetsrum och jag hade velat se den kollega som hade försökt avbryta det snöbollskriget. Utsikterna att lyckas med den uppgiften var inte goda.

Många Göteborgare minns dagen då de vaknade av meterhöga snödrivor. Det var i november 1995 och Daniel Skartind snörde på sig skidorna och blev förevigad av fotografen Sören Håkanlind då han glider fram på Götaplatsen med Poseidon i bakgrunden. Bilden väckte stor uppmärksamhet och är omtalad än idag.

*Daniel Skartind åker skidor på Götaplatsen. Foto: Sören Håkanlind*

De sista åren i Göteborg bodde jag intill Kvibergs arena och fotbollsplaner och där kunde man se hur skidentusiasterna drog upp ett spår runt fotbollsplanerna så fort det kom några flingor, spåret blev ca en kilometer och användes flitigt de få dagar som det var möjligt. Det fanns också en inomhusbana i Kviberg där man kunde åka skidor i en källare. Det var inte alls trevligt.

Temperaturen skulle vara nån minusgrad därinne men det kändes väldigt kallt då det var så fuktigt och spåren var väldigt sladdriga. Jag passade på att prova anläggningen under en friluftsdag med skolan och jag var väldigt glad då jag kom ut därifrån och ännu gladare över att jag inte hade betalat något för eländet.

Det sägs att Göteborg är en av de största orterna med deltagare i Vasaloppet. Märkligt, men entusiasterna de tränar mest stakning med maskin på ett gym nån timme om dagen och därefter åker de till Ulricehamn vid några tillfällen och åker skidor några mil på snö. Resten av året åker många rullskidor också.

En annan viktig aspekt på cykling i Göteborg är att du behöver dubbdäck på cykeln. I Skellefteå så klarade jag mig med ett dubbdäck på framhjulet men i Göteborg behövdes det både fram och bak. Underlaget är så förrädiskt så jag har stått på näsan flera gånger eftersom det inte syns vart det är fruset då man kommer och cyklar i mörkret.

Rätt vad det är så har man hamnat på ett ställe som bara ser ut som svart asfalt men det är ofta täckt med ett tunt osynligt islager och när du passerar det i full fart tappar du fullständigt kontrollen över cykeln och hamnar pladask på marken. Det finns sällan någon snödriva att trilla mjukt i utan det är bara hård och oförsonlig asfalt.

Två dubbdäck alltså, och lär dig helst att montera av och på dem själv för det är ungefär samma kostnad för däckbyte på cykel som det är på bil. Jag hittade en "gör det själv verkstad" i närheten. Det var helt gratis och man fick man hjälp med verktyg och kunskap, men jobbet fick man göra själv.

*Dubbdäck på cykeln är ett måste*

Jag har aldrig frusit så mycket på vintern som jag gjort i Göteborg. Det som kännetecknar vintern mest i Göteborg är som sagt att det blåser och regnar på tvären och när det börjar gå mot nollstrecket så fryser man även om man är norrlänning. Kylan tränger sig in genom alla kläder och det är nästan hopplöst att hålla sig varm och torr om man cyklar, speciellt om händer och fötter. Jag hade hyfsade regnkläder men det var svårt att hålla skor och vantar torra trots att jag hade både skoskydd och goretexhandskar.

Gräsmattorna var gröna året runt och en klok person från Skellefteå tyckte att det var märkvärdigt och döpte passande det tillståndet till "permahöst". Vintern såg man sällan till, däremot var det höstrusk med gröna gräsmattor från oktober till i mars. Därefter blev det vad vi skulle kalla sommar. Två årstider alltså.

Sommaren bjöd inte heller på någon större värme, såvida man inte hittade något ställe i lä. Om du åkte ut till Skärgården en sommardag och det var 30+ så kunde det kännas riktigt behagligt, men var det svalare så måste du hitta en strand som låg i lä om du hade planerat att bada, det kan även intygas av de som inte är badkrukor. Delsjön och andra insjöar var mer badvänliga och vattnet värmdes upp snabbare där.

# PRIVAT ELLER KOMMUNAL?

Vad är det då som skiljer den kommunala skolan i Sverige mot
en privat skola och i synnerhet den Internationella Engelska
skolan i Sverige? Vilka likheter finns det? Om vi börjar med
likheterna så följer de den svenska läroplanen och har likadana
betygskriterier som den svenska skolan.

Den viktigaste skillnaden är att det primära informationsspråket
är engelska, du kan givetvis få information på svenska också,
och omkring hälften av undervisningen på Internationella
Engelska Skolan sker på det engelska språket, av behöriga lärare
från engelsktalande länder som Kanada, USA och
Storbritannien. Undantagna är So-ämnena och Svenska. När det
gäller övningsämnen, alltså slöjd, bild, hemkunskap och idrott så
bedrivs undervisningen på engelska om inte läraren är svensk.

Grundaren, Barbara Bergström ansåg det viktigt att eleverna
skulle bli bilinguala, alltså kunna behärska både engelska och
svenska efter genomgången skolgång. Dessa intentioner lyckas
IES med i stort sett 100% när det gäller svenska elever. Det var
endast i undantagsfall som avgångselever i nionde klass inte
hade godkänt i ämnet engelska men det var vanligt att elever
som inte hade svenska som modersmål ej hade godkänt i
svenska.

En annan viktig skillnad är att skolan mer än någon annan skola som jag tjänstgjort på har gemensamma förhållningsregler som efterlevs i mycket hög grad. Det är vanligt att skolor har satt upp ordningsregler, trivselregler, policy, ja kärt barn har många namn, men de efterlevs i mindre grad.

Här är några av IES regler för eleverna

- Mobiler och musikspelare är förbjudna på skolan och beslagtas om de används.
- Kläder ska vara hela, propra och täcka alla "privata kroppsdelar och underkläder". Inga mössor eller kepsar inne.
- Ingen nedskräpning. Ingen elev får passera skräp utan att städa upp.
- Inget tuggummi och godis i skolan.
- Lugn ska råda i korridorer, inget spring, knuffande eller "låtsasbråk" accepteras.
- Uppfostrat och tyst beteende krävs i matsalen.
- Inga data- eller tv-spel finns på skolans fritids. Socialt umgänge är i fokus.
- Respekt. Vuxna tilltalas "Ms eller Mr". Vårdat språk gäller alla. Inga skällsord.

Ja, inga märkvärdiga regler som ni ser. De flesta skulle vara möjliga att införa på vilken skola som helst. Det kan ingå i skolans profilering.

De förhållningsregler för elever som stack ut på IES var att inga mobiltelefoner får förekomma i skolans lokaler. Eleverna uppmanades att låsa in dem i sitt skåp tillsammans med jacka och eventuell huvudbonad då de kom till skolan. Huvudbonad tas av direkt som de kommer in (undantag Hijab etc.) Under rasten kan eleverna hämta sina mobiler ur skåpet men om de ska använda dem så får de gå utomhus. Endast skolans personal kan komma åt mobilnätet och för att få tillgång till det måste vår kanslist Ms G lägga in det på varje enskild telefon. Lösenordet avslöjas alltså inte till någon så det går alltså inte att övertala någon ur personalen att avslöja det.

En viktig regel som jag tog fasta på var att alla bråk var strängeligen förbjudna, även så kallade "skojbråk" och det uppskattade jag verkligen eftersom de elever som är utsatta brukar svara att det bara är på skoj även om då inte är fallet och därför kändes det bra att kunna säga till elever som "buffade på varandra". I de flesta fall lyssnade de eleverna på tillsägelser och upphörde direkt med att "skojbråka". Jag uppskattade också placeringen av skolgården, eftersom det var enkelt att överblicka den från samtliga rum i skolan. Det skapade en trygghet för utsatta elever. Ms Bergström, grundaren av IES, hade personliga erfarenheter av mobbning så hon var väldigt mån om att förebygga den.

På senare tid har en debatt förts i media om klädkoden för elever på IES. Det är inte något jag känner till att det skapade några problem på den skola jag arbetade vid. Visst, om det var någon som kom med en tröja som hade en utmanande och kränkande text så fick de en tillsägelse, men det var inte något som ställde till några större problem.

Jag minns vid ett tillfälle då det var en elev som demonstrativt gick med en mössa på sig inne i skolan och då var det många elever som var upprörda av hans beteende men då skolpersonalen visste att detta var en mycket speciell elev så tog ingrep de med varsamhet och då fick de ett bra samtal med denna elev. Det är alltid en fråga om att vara smidig. Jag tror aldrig att någon fick ta på sig "skylande" kläder under min tid på skolan som det påstods att en elev på IES i Täby hade fått göra. Barbara Bergström menar att skolan använder sig av en klädkod dels för att den ska ses som en seriös arbetsplats och dels förbereda eleverna för vuxenlivet.

Att skolmaten skulle vara näringsriktig och god var också något som var viktigt, men matsalen var extremt trång och ljudnivån var väldigt hög så det var ingen bra miljö. "Uppfostrat och tyst beteende krävs i matsalen." var en regel som var omöjlig att uppfylla och det tror jag till stor del hade att göra med lokalen. Skolmaten hade hög kvalité men det kunde variera beroende på vilket företag som anlitades. För delen var att ledningen kunde säga upp avtalet om de inte var nöjda med maten.

All skolpersonal åt tillsammans med eleverna och det hade nog stor betydelse för att upprätthålla ordningen. Men då miljön inte var den bästa så var det ändå många som valde att äta medhavd lunch i personalrummet, även om maten var gratis i "Bamba" som skolmatsalarna kallas i Göteborg. Det fanns också alltid två måltidsvärdar från personalen som turades om att vara där. De såg bland annat till att eleverna torkade av sin matplats när de lämnat den.

De flesta av reglerna följdes efter ganska noggrant. Det fanns alltid personal ute i korridorerna och vi hade också en icke undervisande personal som fungerade som skolvärd. Han kände eleverna bra och kunde även prata arabiska och det var väldigt värdefullt då vi hade många arabisktalande elever på skolan. Hans tjänsterum stod alltid öppet och befann sig nära skolans entré.

Det ställdes höga krav på både personal och elever men det var inte så att någon gick omkring och skrek och pekade med hela handen. Det byggde på ömsesidig respekt, vi bad eleverna vara snälla och plocka upp skräp och gick före med gott exempel själva. Vår chef uppträdde likadant, alltid leende och ville hon ha något utfört så bad hon vänligt och kunde ingen fixa det så gjorde hon det själv. På varje personals arbetsbord fanns ett "klotter- och skräpplockningskit" innehållande suddsvampar och latexhandskar som vi förväntades använda vid behov. Det användes av de flesta men givetvis förekom det skillnader i hur ofta det användes från person till person.

Efter introduktionsdagen i Stockholm för nyanställda så diskuterade vi i kollegiet hur vi skulle förhålla oss till toaletterna. Det var inte meningen att vi skulle fungera som städpersonal, bara kolla om det såg OK ut. Skolan städades av lokalvårdare i större utsträckning än vad jag var van vid från kommunala skolor. En hög med papper som rasat ut på en toalett var möjligt att snabbt åtgärda men om toaletten såg alltför bedrövlig ut så menade många att man kunde låsa toaletter utifrån om man inte hade tid eller möjlighet att åtgärda detta. Det tyckte jag lät som en bra medelväg och beslutade mig för att agera efter det.

Men de tidigare anställda spred en positiv anda som det var lätt att smittas av. De mest samvetsgranna var de som hade jobbat med vår chef sedan skolstarten och det var svårt att inte se upp till dem då de gjorde det lilla extra med en så positiv inställning, utan att mästra och hacka på andra som inte nådde upp till normen. Hemligheten var nog att de var väldigt solidariska med vår chef som var väldigt omtyckt.


Varje morgon hälsades eleverna välkomna av en personal som mötte dem vid porten. Den uppgiften var inte ålagd undervisande lärare utan det var övrig personal som till exempel rektor, biträdande rektor, kurator, skolsköterska, skolvärd samt specialpedagoger. Vi hade ett par pass varje vecka som vi ansvarade för. Uppgiften var att stå vid huvudingången, den enda upplåsta ingången, och iförd en jacka med skolans logga på, ta i hand och hälsa alla välkomna.

*Good morning!*

Det var för det mesta en trevlig uppgift, passet varade ca 20 minuter och eleverna verkade uppskatta att vi stod där och sa "good morning" och tog i hand. Handskakandet tog ett abrupt slut i och med pandemin, men då hade jag slutat min anställning på IES.

Det fanns många andra skillnader också jämfört med de tidigare skolorna jag arbetat på i Skellefteå, men det har förmodligen inte något att göra med om skolan var privat eller kommunal. Möjligen var det på grund av att vi befann oss i en storstad.

Jag minns att jag uppskattade att vi aldrig hade några elever i det gemensamma personalrummet då det alltid hölls låst. Ej heller kunde det komma någon upprörd förälder och störa under lunch- eller fikarasten. Föräldrar kontaktade oss endast under kontorstid, vilket jag inte heller var bortskämd med.

Jag har erfarenheter av föräldrar som efter att ha tagit sig ett glas på fredagen kunde ringa hem till mig och framföra sina åsikter på ett väldigt obalanserat sätt och då hade man hela helgen på sig att begrunda detta. De mailade förstås alla tider på dygnet, men då väljer man ju själv när man ska läsa sin jobbmail. Våra arbetsrum var också låsta, men det var inte så många elever som knackade på då jag inte hade mentorsuppdrag.

På tidigare skolor hade jag ryckt in åtskilliga gånger, utan ersättning, för att täcka upp för kollegor som varit sjuka eller lediga. Det inträffade aldrig på IES. Som specialpedagog behövde jag aldrig vikariera för någon kollega som skulle undervisa en hel klass. Däremot så hjälptes vi specialpedagoger åt med "våra" elever.

En viktig skillnad jämfört med de kommunala skolorna är att de privata skolorna går med vinst. Mer om detta senare. Klasserna var också betydligt större än vad jag var van vid. 25 elever brukar lärare tycka är smärtgränsen. 30 elever har tidigare varit gränsen för att klassen ska delas i två delar. Dessa gränser finns inte längre inskrivna någonstans men praxis i Skellefteå var ändå max 30 i klassen. På IES var det 32 elever som standard. Kan inte förklara om det berodde på att det var en privat skola, i synnerhet IES eller om det var det vanliga antalet i klasserna i Göteborg.

Som kuriosa kan jag berätta att vi var indelade i olika "house" precis som i böckerna om Harry Potter av J.K.Rowling. Jag funderade om de skulle skaka min namnskylt i den magiska hatten för att bestämma vilket hus jag skulle höra till, men till min besvikelse så fanns där ingen hatt, fast jag fick tillhöra ett hus i alla fall.

Vi hade en generöst tilltagen budget öronmärkt för specialpedagogiska insatser under båda dessa år så vi kunde inhandla många pedagogiska hjälpmedel. Jag köpte in mycket laborationsmaterial till matematikundervisningen samt stöd för läsning. Att köpa in programmet Logos för att diagnostisera läs- och skrivsvårigheter och utesluta eller konstatera dyslexi var ingen större kostnad ansåg min första rektor.

Programmet kostade kring 4000 kr och det tyckte hon inte var något att diskutera. Det som var knepigt och dyrt var att få tag på någon som hade behörighet att göra diagnosen och eftersom jag hade det så tyckte hon absolut att vi skulle köpa in programmet. Här måste jag åter göra en jämförelse med kommunala skolan där vi fick böna och be att få gå utbildningen till Logos och sedan strida för att köpa in programmet.

Vid ett tillfälle då en IT-behörig kollega på IES skulle installera programmet åt mig blev han lite irriterad och sa till mig att "this is really bad Swedish, I can´t read it!". Han var engelsktalande men hade varit länge i Sverige så han förstod svenska ganska bra och kunde framförallt läsa svenska, problemet var bara att instruktionerna stod på norska och det hade han inte uppfattat. Så vi fick oss ett gott skratt då jag förklarade att det var norska han läste, inte dålig svenska.

# MR AND MS

All personal, oavsett vilken tjänst de hade på skolan tilltalades med Mr (mister) eller Ms (miz, tonande s). I engelska språket och i många andra språk har man ett prefix för en ogift och ett annat för en gift kvinna. Miss och Mrs (Misis) Men det finns också ett prefix för kvinnor i engelskan som inte betecknar vilket civilstånd man har och det är Ms. Man bör då för att inte förväxla det med Miss lägga ett tonande s på Ms, men jag upptäckte snart att ingen var så noga med det. Alla kallades ju Ms. Det var naturligt för alla elever att kalla oss Mr eller Ms och det var aldrig några elever som tilltalade oss på något annat sätt. Oftast lade de till vårt efternamn, men om de inte visste vad vi hette så kunde det bli bara Ms eller Mr

Vi bar en personlig namnskylt på oss hela tiden med namn och tjänsteuppdrag på skolan så de lärde sig snabbt vad vi hette och som nyanställd lärde man sig snabbt vad kollegorna hette. Personalen emellan tilltalade varandra med förnamn, men inför hela kollegiet så var det Ms Hult som gällde. Det kändes lite formellt och speciellt i början men efterhand så vande jag mig och det gav både lärare och övrig personal en viss status. När jag efter mina två år på IES började på en annan skola så var det några elever från IES som också fanns där och de kallade mig för Ms Hult av bara farten. då jag påpekade att de kunde kalla mig för Edith nu så sa en av dem, men visst kan bara jag få kalla dig Ms Hult? Det känns bättre så, sa hon. Ja, vanans makt är stor.

*Namnskylt att bäras på jobbet*

Skolans vaktmästare Mr K hade en identisk skylt som det stod caretaker på. Det var för övrigt den bästa vaktmästaren jag har träffat. Han satt ofta och diskuterade med oss i personalrummet och jag som var van vid att en vaktmästare är lite macho och föraktar utbildning, det enda som brukar räknas är skitiga händer och trasiga kläder som luktar olja, blev både förtjust och förvånad över hans sätt att vara. OK, jag kanske överdriver en smula, men med denna vaktmästare var det alltid intressant att föra diskussioner med och han var aldrig omöjlig att få hjälp av. Han hade också anammat klädkoden och hade oftast fluga på jobbet. Bara det, en vaktmästare med fluga, var hittar man det?

# ATT PARKERA

Det är dyrt att bo i Göteborg ur många aspekter, inte minst att ha bil och vad det följer med sig för övrigt. Jag har med tiden lärt mig att parkera i Göteborg men det har varit den hårda vägen. Under min vistelse där hann jag med att få flera parkeringsböter fast jag aldrig medvetet försökt undslippa att betala för en parkering. Vid ett tillfälle då jag gjort ett "kap" på en secondhandmarknad så fick jag parkeringsböter då jag hade betalat i fel zon så någon bra affär blev det inte. Vissa bolag skickar dessutom en faktura som de tar extra betalt för om man inte betalar via appen.

Nuförtiden finns det en djungel av olika parkeringsbolag som alla har olika zoner och appar som man ska betala med. En parkeringsautomat där man kan få ut ett synligt kvitto som man lämnar i rutan börjar bli mer och mer sällsynt. Det här gäller förstås inte bara Göteborg utan över hela landet men när man kommer till ett nytt ställe är det så otroligt mycket man måste vara uppmärksam på och lära sig.

Jag är absolut inte teknikfientlig, men tekniken är ett stressmoment då den inte fungerar och det händer tyvärr alltför ofta. Det är nära till hands att utveckla en ångest mot att parkera på ett nytt ställe då det alltid är något man har missat. I Linköping stod jag tjugo minuter för att ladda ned app och registrera mig på det aktuella bolaget, i Luleå betalade jag direkt med appen men åkte ändå på en pappersfaktura av någon anledning och i Boden blev det parkeringsböter på en gratisparkering med parkeringsskiva då jag i mörkret och snön inte hade parkerat på anvisad plats. En vecka senare såg jag en annan bilist som ställde sig på samma ställe och jag räddade honom från parkeringsböter, vilket han naturligtvis var tacksam för.

Om man parkerar i ett parkeringshus så är det också en stress att veta vilket plan du har parkerat på och hur du ska hitta ut. Nåväl, jag har inget väl utvecklat lokalsinne så det ställer ju till det också. Nyligen hittade jag ett parkeringshus i Skellefteå där man kunde registrera sin bil och sen är det bara att köra in och ut och betalningen sker automatiskt. Fantastiskt!


Vill bara tillägga att jag var med på den tiden då man matade parkeringsautomaterna med enkronor och vred om en timer då man matat klart. Inga biljetter. Automaten stod på parkeringsplatsen. Enkelt att se när tiden hade gått ut, då slog det om till rött.


Jag kör inte mer än nödvändigt men ändå behöver en bil då och då så det kan vara smart att gå med i en bilpool eller bara hyra bil från något annat bolag då du behöver. Jag funderade starkt på det då jag flyttade till Göteborg, men jag behöver bilen på sommaren då jag ska bo i sommarstugan för dit går det ingen kollektivtrafik. Jag körde bara upp bilen på sommaren, på vintern flög jag eller åkte tåg upp och då lånade jag oftast bil för att ta mig till och från stugan.

Bilbränder och sabotage var något jag hört talas om så jag blev väldigt tacksam över att få tag på ett garage i samma område som jag bodde på. Dessutom hade bostadsrättsföreningen ett anvisat ställe för biltvätt där man under den frostfria perioden, som var väldigt lång i Göteborg, kunde tvätta och dammsuga bilen. Men jag körde bil alldeles för sällan så jag fick begära vägassistans för att få igång bilen ett par gånger då batteriet hade laddat ur.

# CTRL+ALT+DELETE

Ja, de flesta känner väl till detta kommando som används till att rensa hårddisken och starta om på nytt. Att bryta upp från allt som jag gjorde betydde en riktig omstart. Det var som att rensa hårddisken från både gott och ont och sen försöka återställa den så gott det gick. Jag bytte jobb, bostad, träningskamrater och stad på samma gång och dessutom så hade jag blivit särbo också. Men min mamma frågade mig en gång vad jag skulle ha en karl till, jag kunde ju spika själv. Ja, vad svarar man på det?

Så här efteråt så förstår jag inte att jag vågade flytta och göra denna stora förändring, det var ett stort stresspåslag som märktes först efteråt när allt hade lugnat ned sig. Fast mesta var ju positivt och till det var det så fantastiskt spännande. Men även trevliga saker ger ökad stress sägs det.

Att jag fått jobb på Engelska skolan var kanske det som stressade men också triggade mig mest. Jag hade ju en lång lärarbana bakom mig så nog var det på tiden att jag fick pröva något nytt och dessutom något som var helt annorlunda mot vad jag tidigare arbetat med. Men jag var stressad över att det bara var en provanställning och att jag inte skulle klara av språket. Det sistnämnda hade jag inte behövt oroa mig för då mina närmsta kollegor och rektor talade svenska och de flesta elever tilltalade mig på svenska. Jag blev också uppmuntrad av mina närmaste kollegor att prata svenska med framförallt de elever som hade svenska som andraspråk.

För dem var det kanske inte ett optimalt val ha sin skolgång på IES då flera av dem hade svårt att få godkänt betyg i svenska eftersom det språk som talades hemma inte var svenska och skolans språk till stora delar var engelska. Vi hade inte någon elev som inte fick godkänt betyg i engelska, däremot var det många som inte fick godkänt i svenska. Samma elever hade också problem med andra ämnen som undervisades på svenska och som innehöll mycket textstoff såsom historia, geografi, samhällskunskap och religion.

# MINA ARBETSUPPGIFTER PÅ IES

Vi var tre specialpedagoger som tjänstgjorde på IES och vi ansvarade huvudsakligen för var sin årskurs. Jag blev tilldelad årskurs åtta eftersom jag var ny på skolan och de skulle vara den mest självgående årskursen då de hade varit ett år på skolan och kände till regler och rutiner. Årskurs nio, som var avgångsklasser ville de ha rutinerad och väl insatt personal på och som också kände till eleverna. Jag blev väl omhändertagen av mina närmaste kollegor och de kändes enkelt att be om hjälp. De banade väg åt mig och det kändes som om de verkligen brann för sitt arbete och ville att jag skulle lyckas med mina uppgifter.

Skolan var sexparallellig, det vill säga i varje årskurs fanns det sex klasser A-F med cirka 32 elever i varje klass. Varje klass hade två mentorer och mentorseleverna var uppdelade mellan de två mentorerna. Varje månad skulle mentorerna kontakta vårdnadshavarna "The Guardians" som det hette på engelska. Det var många ord som var förvirrande för mig. Trodde först det betydde vakter, men fick lära mig att det ordet hade flera betydelser. Uttrycket "take minuits" förvirrade mig också till att börja med. Det betydde att föra anteckningar/protokoll för mötet.

Vi som var specialpedagoger hade inget mentorsansvar, alltså klassföreståndaransvar. Det var en enorm lättnad för mig. Jag hade under hela min tid som lärare alltid haft klassföreståndaransvar med allt arbete som det innebar. Det kändes verkligen som om jag fått en gräddfil, även om antalet elever rejält översteg det antal som jag förut hade ansvarat för som specialpedagog, ungefär det dubbla faktiskt.

Mentorerna tog dock betydligt större ansvar för sina elever än vad jag var van vid. De gjorde extra anpassningar själva och meddelade övriga lärare vilka anpassningar som var gjorda. Om anpassningarna inte fungerade och ytterligare åtgärder behövde sättas in så kopplades specialpedagogen in. Vi specialpedagoger fick andra uppgifter istället, utöver vår profession, som till exempel att hälsa eleverna välkomna till skolan och vistas i korridorerna några pass i veckan.

Det fanns dessutom en tjänst på skolan som jag aldrig tidigare stött på, nämligen "student academic manager". Hen kopplades in då det var någon elev som hade problem med att nå sina akademiska mål och fanns med vid de mer krävande sammanträdena med elever och föräldrar och förde också protokoll. Det var ett stort stöd att ha med denna person, inte minst för att protokollen skrevs på engelska. Hens uppgift var också att stötta lärares pedagogiska utövande. Hen gjorde regelbundna oförberedda auskultationer i klassrummen. Denna person var också rätt person på rätt plats eftersom hen hade förmågan att ge råd och tips utan att trampa någon på tårna. Hens klassrumsbesök var välkomna av de flesta.

De övriga kollegorna kontaktade oss ofta för att be om råd hur de skulle tänka pedagogiskt när de hade någon elev som var i svårigheter. Det kändes stort att bli tagen på allvar och de förväntade sig inte att vi skulle ta hand om eleverna åt dem utan de ville bara ha goda råd om vilka extra anpassningar de skulle göra. När vi kommit överens om en plan så skrev de in i skolans infosystem vilka extra anpassningar som gällde för en viss elev så att alla lärare skulle känna till det.

Många av de extra anpassningar som görs i skolan gynnar oftast alla elever och bör också erbjudas alla och den ambitionen försökte jag även förespråka på IES. Om man till exempel tillhandahåller anteckningar och sammanfattningar av lektioner till en elev så är det ingen nackdel om det kommer alla elever till del. Så långt och några andra små förändringar genomförde jag och de andra kollegorna.

Men IES kunde inte erbjuda det stora utbud som inläsningstjänst tillhandahåller eftersom de som privatskola inte var med i de stora upphandlingar som kommuner kan göra. Där fick jag hänvisa till bibliotekets tjänst "Legimus" som tillhandahöll inlästa böcker för läsare med speciella behov. Det var förvisso en enkel ansökningsprocedur och jag kunde tillhandahålla ansökningsblanketter till de elever som jag ansåg behövde den anpassningen men det krävdes en underskrift av förälder som också följde sitt barn till biblioteket för att få tillståndet och där tog det i flera fall stopp.

Jag lade märke till att det var många elever som hade specialtillstånd att ha musik i öronen under raster och lektioner med motivation att det ökade koncentrationen. Det skapade vissa problem eftersom dessa elever då hade tillgång till sin mobiltelefon under hela skoldagen och frestelsen blev då för stor att använda den till annat. Då jag hade betydligt mer tid än förut att ägna mig åt specialpedagogiskt arbete än tidigare så började jag undersöka om det fanns någon evidens för att musik skulle öka koncentrationen och fann då forskning som stödde att så kunde vara fallet, men att det då skulle det vara specifik musik. Det fanns också forskning som stödde att så kallat " brus" kunde öka koncentrationen. Det fanns i olika typer att brus att välja mellan och det var fritt att ladda ned. Exakt varför bruset verkar hjälpa är inte helt klarlagt. Göran Söderlund, professor i specialpedagogik forskar för närvarande om detta vid Göteborgs universitet.

Vi köpte då in mp3-spelare där vi spelade in utvald musik samt utvalt brus och delade ut det till elever i behov av detta med ett medföljande headset. Det var en uppskattad åtgärd av personalen då de enkelt kunde urskilja vilka som hade tillstånd då headsetet var märkt med IES och dessutom kom problemen med användandet av mobiltelefonerna bort.

Men jag måste erkänna att eleverna inte uppskattade åtgärden lika mycket. Kanske introducerade vi dem på fel sätt eller så fungerade det inte. Men det hade kanske varit bättre om vi bara erbjudit detta till "nya användare". De om redan hade tillstånd att använda sin mobiltelefon och därmed tillåtelse att spela vilken musik de själv önskade blev ju fråntagna sina privilegier och var därför redan initialt motståndare till denna nya ordning.

Det fanns också elever som tilldelades hörselkåpor som gav fullständig tystnad och de var väldigt uppskattade av de som var i behov av dessa.

För att beskriva skillnaderna mellan min arbetsbeskrivning på IES kan jag referera till tidigare arbetsuppgifter på andra arbetsplatser där det vanliga var att det var klasslärare/ämneslärare som bad om hjälp och stöd och de ville i stor utsträckning diktera specialpedagogens arbetsbeskrivning så det gällde att ha skinn på näsan om man ville överleva.

Specialpedagogen fungerade ibland som resurs i klassrummet i någon form av tvålärarsystem vid vissa lektioner, även kallad "hjälpgumma" i ironisk mening. Den hjälpen kom alla elever till del och var utmärkt då den inte pekade ut någon särskild elev. Fast nog visste eleverna vilken/vilka klasskamrater som stödet var ämnat för.

En stor skillnad var vilket ansvar ämnesläraren tog för de elever som var i behov av stöd.  På mina tidigare arbetsplatser såväl som på IES fanns det i stort sett två varianter. De som tillhandahöll anpassat material för vissa elever och de som förväntade sig att jag skulle anpassa materialet. Jag hade inget emot att anpassa materialet, men det är knepigare att anpassa material då man inte är ämneskunnig och framförallt inte känner till alla betygskriterier. De lärare som tillhandahöll anpassat material för att uppnå betyget godkänd gjorde både mig och eleverna en tjänst.

Många lärare både i och utanför IES är duktiga på att anpassa eller plocka ut uppgifter/text i ordinarie läromedel som ska utgöra en baskurs och garantera ett godkänt betyg. Det är då viktigt att man upplyser eleven och dess vårdnadshavare om att det inte går att uppnå ett högre betyg med det anpassade stoffet.

Det finns också elever som kanske inte kommer att ens uppnå ett godkänt betyg i ett visst ämne, men de har ändå rätt att få ett material som är anpassat till deras utvecklingsnivå med en lagom utmanande kurs, som Den berömde pedagogiska teoretikern Vygotskij förespråkade, för att de ska kunna få en god kunskapsutveckling. Jag har många erfarenheter av det och även här gäller det att kvalitén på det anpassade lärostoffet blir högre om det görs av den undervisande ämnesläraren.

En annan variant var att man undervisade eleven utanför klassrummet under ordinarie lektion. Det var som jag nämnt tidigare då viktigt att ha kontakt med den undervisande klassläraren/ämnesläraren så att eleven/eleverna i fråga inte gick miste om viktiga saker som hände i klassrummet.

Men det är inte alla lärare som orkar, hinner eller vill ta sig den tiden att ge den informationen och då kan det stöd som eleven får utanför klassrummet ibland vara till nackdel för eleven. Vanligtvis sker stödet bara under vissa lektioner då specialpedagogen inte är behörig att sätta betyg så måste den behörige läraren träffa de elever som de ska sätta betyg på. Vid de lektioner som eleven befinner sig i klassrummet behöver de i många fall anpassat material och det är då en fördel om den betygssättande läraren kan tillhandahålla det.

Jag minns med värme hur jag bemöttes av mina kollegor på IES. Aldrig hade jag varit med om att behandlas med sådan respekt från kollegor som själva var så otroligt skickliga och ambitiösa. De flesta kom från engelsktalande länder och jag tror att lärarutbildningen där är mycket gedignare än vad den är i Sverige för det var väldigt hög kvalité på deras lektioner. De kallade mig för Ms Hult med stor vördnad och respekt och bara det fick mig nästan att baxna och när jag märkte att de tog mina råd på allvar blev jag verkligen rörd.

Ingen åldersdiskriminering där inte, tvärtom så var nog mina rynkor ett tecken på visdom. Vi kallade varandra oftast vid efternamn och prefixet Mr eller Ms när vi pratade om varandra och om vi inte jobbade tätt ihop. På konferenser var det aldrig förnamn. Det var också enklare så eftersom eleverna kallade lärarna vid efternamn med prefixet Mr eller Ms och om vi vid något tillfälle råkade säga förnamnet så visste de inte vem man menade.

Mina erfarenheter och kunskaper i egenskap av specialpedagog hade jag inte fått utöva i samma omfattning på mina tidigare arbetsplatser. Jag hade huvudsakligen fått sitta med enskilda elever eller mindre grupper, alternativt vara "andrelärare" i ett klassrum och det har jag inget emot egentligen men det tog ganska mycket tid från att göra det jobb som en specialpedagog är ålagd att göra.

Som specialpedagog är den huvudsakliga uppgiften att stötta skolledning och lärare och samt göra utredningar om det är någon elev i svårigheter, det vill säga undersöka vad svårigheterna består i och vad skolan kan göra för att eleven ska kunna tillgodogöra sig undervisningen. Därefter, tillsammans med rektor, ta beslut om vilka åtgärder som ska vidtas, extra anpassningar eller åtgärdsprogram med stödundervisning med mera.

Om jag hade varit med om att besluta om stödundervisning så blev det oftast jag som skulle verkställa den då skolan inte hade speciallärare utan använde specialpedagogen som speciallärare. På IES hade jag också, som jag nämnt tidigare, hand om enskild undervisning och undervisning i mindre grupper, men det var inte i samma omfattning som tidigare.

De arbetsuppgifter jag hade som undervisande speciallärare skiljde sig inte nämnvärt från mina tidigare tjänstgöringar. Vissa elever fick enskild eller gruppvis stödundervisning utanför klassrummet. De mattegrupper jag hade var ganska stökiga och jag tror inte det gjorde varken till eller från för deras utveckling. Det var och är allmänt känt att man inte kan klumpa ihop elever från olika klasser för att ha stödundervisning vissa lektioner. Eleverna känner inte varandra så de måste börja med att skaffa sig en position i gruppen och dessutom vet alla orsaken till varför de befinner sig i den speciella gruppen. "Jag tillhör de sämsta i matte, därför måste jag gå i den här gruppen" tänker de. Inga bra förutsättningar för inlärning.

Det som gav resultat var de elever som kom enskilt under vissa lektioner, men det byggde också på att jag och ämnesläraren hade regelbunden kontakt. Det fanns också elever som orkade komma utanför sina ordinarie lektioner till oss specialpedagoger för att få stöd och vissa av dem var så motiverade att de till och med offrade sina sovmorgnar för att komma och få lite extra undervisning.

Därtill hade jag också undervisning för så kallade "hemmasittare" och de kom oftast utanför skoltid då de inte klarade av att komma då det fanns andra elever på skolan. Ibland lyckades jag plocka in elever via någon bakväg och undervisa dem under skoltid, men det var mycket pusslande för att de skulle slippa möta andra elever, speciellt sina klasskamrater. De elever som var i dessa svårigheter var oftast mycket begåvade och flera av dem skrev prov med mig och lyckades få betyg utan att vistas i skolan. Jag var med då elever gjorde praktiska moment som tex. laborationer för att få godkänt i något ämne. Ämneslärarna gav mig instruktioner och jag övervakade och noterade.

# FÖRÄLDRALÖS

Då jag gav mig iväg från Boden med sista flyttlasset till
Göteborg hälsade jag på min mor på äldreboendet för att ta adjö.
När jag kramade om henne jämrade hon sig och sa, jaha, du
flyttar till Göteborg nu, ja då kommer du väl aldrig tillbaka.

Jag försäkrade henne att jag skulle komma tillbaka snart,
åtminstone till novemberlovet. Jag höll mitt löfte, men då jag
kom tillbaka så var det för att begrava henne. Det var ju sorgligt,
men hon hade länge sagt att hon var färdig att dö då hon tyckte
att hon hade så ont och både hörde och såg illa.

Det hade sedan några månader varit omöjligt att prata i telefon
med henne då hennes hörsel var så kraftigt nedsatt så när jag
åkte iväg i augusti så var det faktiskt sista gången jag pratade
med henne. Jag kan inte påstå att jag stod min mor nära, men det
var ju ändå mamma som hade funnits i hela mitt liv.

Då jag uppsökte rektor för att be om ledigt för begravning så
gjorde jag ingen stor sak av det, men min chef visade ändå
väldigt stor sympati och det var så hon behandlade alla. Hon
kände in, utan alltför stora åthävor när någon behövde omtanke.
Det kunde bara vara en armtryckning i förbifarten som uttryckte
att hon kände till att en person hade bekymmer och att hon var
medkännande.

Hursomhelst så innebar detta att jag var föräldralös eftersom min far hade avlidit några år tidigare. Någon har sagt att man inte blir vuxen så länge ens föräldrar är kvar i livet. Så nu var jag då äntligen vuxen, med allt vad det innebar. Jag var dessutom nybliven farmor så det var mycket som hände vid den här tiden. Under mina fyra år i Göteborg hann jag dessutom med att bli mormor två gånger och farmor en gång till. Barnbarnen hade nog stor del i mitt beslut att stanna längre än ett år.

# KAN EN SINGEL GÅ UT?

Det verkade inte var udda att gå ut ensam. Fast det tog flera år
innan jag vågade det. Jag satt en gång och hade paxat plats på
"Öltullen", en mycket populär kedja i Göteborg där de serverar
enkel, god och och billig mat samt öl och vin till hyfsade priser.
Jag satte mig ned vid ett bord i ett hörn och väntade på att min
särbo skulle dyka upp. Men innan han dök upp så hade jag fullt
med ungdomar runt omkring mig som hade slagit sig ned och
börjat prata och skåla med mig. Jag hade lite sjå med att bevaka
en plats till min särbo.

Då tänkte jag att man behövde egentligen inte stämma träff med
någon, man kunde umgås med de som fanns runt omkring. Men
det dröjde ändå ett tag innan jag vågade slå mig ned ensam utan
att ha stämt träff med någon. Det kändes som om jag satt där
och bjöd ut mig själv på glasberget. Jag gick flera gånger in på
en pub och vände sedan jag gått ett varv. Såg jag att det satt
någon ensam så tänkte jag att hen väntar säkert på någon.

Det var främst på fredagar då jag passerade Öltullen på Svingeln
på hemvägen och såg hur inbjudande det såg ut där människor
satt ute i solskenet och tog sig en "After work drink" som jag
blev sugen på att göra sammalunda. Men kunde jag verkligen
sätta mig där? Jag hade ju inget sällskap och dessutom var jag ju
så gammal. Till slut vågade jag och det gick bra, men det var
inte många gånger som jag satte mig på en pub utan att ha
bestämt träff med någon.

Det var vanligare att man såg någon sitta ensam på ett café och så småningom lärde jag mig att det var många som gick på café med avsikt att plugga eftersom de tyckte de kunde koncentrera sig bättre där än hemma. Bästa studieron fanns kanske på universiteten eller biblioteken, men om de låg en bit hemifrån så var caféerna ett bra alternativ för många.

# MIN ARBETSPLATS

Mina tidigare arbetsplatser är inte något jag vill framhålla som goda exempel då jag är van att jobba i ett rum där ett tiotal kolleger ska samsas om utrymmet. Att sitta och arbeta i den miljön är inte speciellt effektivt då man stup i kvarten blir avbruten av sina kollegor eller elever som knackar på dörren och vill komma in. På senare år har jag varit van vid att heltidsarbetande personal haft plats för en dator, en kontorsstol och en hurts som du i bästa fall kan låsa och några rader i en bokhylla där du kan sätta pärmar och litteratur.

Åtgärdsprogram och utredningar som du som specialpedagog skriver skall förvaras i ett låst arkivskåp och det brukar vara placerat i andra änden av skolan på rektorsexpeditionen. Men då får man ju möjlighet att röra på sig under dagen, även om det sker på bekostnad av effektiviteten.

PÅ IES blev jag tilldelad ett rum där bara mina närmaste kollegor jobbade, alltså specialpedagogerna. Vilken enorm skillnad att ha nära till de som man behövde konferera med mest och vi var dessutom lagom många, tre stycken, och vi störde inte varandra även om vi inte alltid pratade om jobb, det blev riktigt gemytligt och jag lärde mig dessutom jobbet snabbt då det var enkelt att fråga om man undrade över något.

*Min arbetsplats, med utsikt över skolgården*

Det var en härlig arbetsplats med utsikt mot skolgården och för första gången under min tid som lärare då jag inte behövde frysa på jobbet. Ja, det är så på de flesta skolorna att temperaturen inte är anpassad för stillasittande arbete. Att jag inte heller behövde sitta hela dagarna var också ett plus då skrivbordet var höj- och sänkbart och jag hade en skärm och tangentbord som jag lätt kunde docka till min dator.

Ja, det här är ju inte några märkvärdiga saker kan man tycka, men för mig var det väldigt högtidligt att jag för första gången hade bra kontorsutrustning med bra arbetsställning. Som jag tidigare nämnt hade jag utrustats med kontorsmateriel av skolans sekreterare så jag tyckte verkligen att jag kommit in i paradiset. Vi hade dessutom det låsbara arkivskåpet med alla elevfiler i vårt arbetsrum.

Jag noterade också att eleverna gick ut på rasten i större utsträckning än vad jag var van från tidigare högstadieskolor. Många gick ut bara för att få använda telefonen men det var också många som gick ut för att spela fotboll och basket. De riktiga entusiasterna brydde sig inte om att det regnade, det gjorde det ju nästan jämt i Göteborg, utan de spelade på med oförminskad styrka.

*Regnet öser ned, men det bryr sig inte fotbollsentusiasterna om.*

# MINA KOLLEGOR

Mina kollegor var en salig blandning från en rad olika länder och efter en stunds samtal kom man ofta till frågan från vilket land man kom ifrån. Vid entrén satt en tavla där all personal fanns på bild och bredvid fotot hemlandets flagga.

*Personalfoton vid ingången*

När min finländska, svensktalande, kollega frågade mig vart jag kom ifrån så svarade jag att jag kom från Norrland och det tyckte hon var vansinnig roligt. Hon var en frisk fläkt som var väldigt pratsam och det var härligt att höra hennes sjungande finlandssvenska accent. Som alla andra var hon ambitiös och ibland funderade jag hur hon skulle orka med sitt jobb, men hon hade ju sin finländska "sisu", vilket kan jämställas med engelskans "grit", alltså ett jävlar anamma. Men en eftermiddag sjönk hon ned i soffan i personalrummet med kaffekoppen, suckade djupt och önskade sig en Caffé coretto.

Hon överlevde på sin humor, som många andra lärare över hela landet på alla typer av skolor. Någonstans måste man få pysa ut. Visst, vi pratar om besvärliga elever och föräldrar, men det pratas om "kunder" på alla arbetsplatser. Huvudsaken är att man håller det på en rimlig nivå och att det inte lämnar arbetsplatsen.

Ungefär hälften av kollegorna kom från engelsktalande länder och de som varit här en längre tid förstod svenska ganska bra men de pratade bara engelska. Om man satt ensam med någon så vågade de sig på att prata svenska ibland. Jag var från början fokuserad på att förstå och prata engelska och det fungerade bra när det gällde förståelsen, men många gånger då vi satt runt ett fikabord och det var surrigt missade jag skämten. Men det kunde jag göra även om jag satt med enbart svenskar då jag numera inte hör så väl i en bullrig miljö. En tredje förklaring kan förstås vara att jag är en lite trög norrlänning och inte förstår alla skämt.

Det som var gemensamt för mina kollegor var att de hade väldigt hög ambitionsnivå. De utländska kollegorna upplevde jag som skarpast. Jag tror att kraven på lärarstuderande utomlands är betydligt högre än vad de är i Sverige. När jag kom på spontant besök hos någon av dem så var det alltid mönsterlektioner jag fick se. De var mycket väl förberedda, kunniga och pedagogiska.

Man kanske skulle kunna tro att det var kadaverdisciplin som gällde på IES men det stämde inte alls. De svenska kollegorna var också ambitiösa och det blev en bra mix av kulturella skillnader bland personalen. Ett givande och tagande som gynnade eleverna.

IES hade gemensamma rutiner som gällde för alla lektioner. Att komma oförberedd till lektionerna var praktiskt taget omöjligt för undervisande lärare på IES. När lektionen startade skulle läraren finnas i klassrummet i god tid i förväg och anteckna på White board mellan vilka klockslag som lektionen varade, lektionens syfte, vilka moment som ingick i lektionen. Det kunde ibland vara väldigt tajt mellan olika lektioners avslut och början i samma sal och då var det knepigt att hinna med.

När klassrumsdörren öppnades stod eleverna i en bestämd ordning på led och när lärare visade in dem hälsade hen på alla genom att titta dem i ögonen och säga deras namn. Varje klass hade bestämda platser och när de kommit på plats inväntade de signal från läraren att få sätta sig. Planeringen för dagens lektion redogjordes och lektionen var igång. Vid lektionens avslut ställde sig eleverna upp, ställde upp stolarna och inväntade tecken på att få gå ut på rast. Om en lärare skulle ha vikarie så skulle det finnas en planering att hämta i förväg på expeditionen för vikarien.

Ingen "tröskelplanering" där inte, det vill säga att lektionen planderas i samma stund som man kliver över tröskeln till klassrummet. Om man skulle behöva sätta in en vikarie för någon lektion så skulle det alltid finnas instruktioner att hämta på expeditionen. Oförberedda lektioner förekommer förstås i både kommunala och privata skolor, lärare är nämligen människor. Numera kan man använda sig av AI-verktyg för att planera sina lektioner och det lär vara riktigt bra till skillnad från de nödlösningar som jag sett då kollegor har hämtat planeringar från den tvivelaktiga sajten lektion.se

Vi hade en speciell person som skulle ha hand om elever med beteendeproblem och denne person kunde inte bara tala arabiska, utan han kunde också förstå de arabisktalande elevernas kultur och tillika deras föräldrar. Han var en oumbärlig länk mellan skolan och hemmen.

Skolan hade också en och en halv kuratorstjänst, uppdelad på två personer. Den som hade halvtidstjänsten hade också en halvtidstjänst på IES låg-och mellanstadieskola som låg på gångavstånd från högstadieskolan. En heltidsanställd skolsjuksköterska fanns också på skolan. Förutom kanslisten fanns också en ekonomiansvarig personal. Vi hade både rektor och vice rektor. På IES hade jag för första gången en manlig kollega som var hemkunskapslärare och en kvinnlig kollega som var träslöjdslärare.

Vill också berätta en historia som visar hur liten och rund jorden är. En av mina kollegor kom från Australien och han uppehöll en av tjänsterna som idrottslärare. Jag lade märke till att han hade en mössa som var av exakt samma garn, färg och mönster som en halsduk jag fått av Skellefteå kommun, en rödvitrandig med texten Skellefteå kommun. Då jag visade honom halsduken blev han genast förtjust i den och jag gav den till honom.

I januari 2021stormade demonstranter, anhängare till Donald Trump, Kapitolium eftersom Trump i ett tal hade förklarat valet ogiltigt och vägrade avgå som president. Han menade att det förkommit valfusk. En av de ledande demonstranterna bar en likadan halsduk som jag gett bort. Han blev sedan kallad Skellefteåmannen. Det var inte min kollega som var Skellefteåmannen men historien är intressant, det kan mycket väl vara min halsduk som kommit på avvägar. Halsduken producerade i en liten upplaga på under 1000 exemplar i Skellefteå kommun 2017

*Halsduk från Skellefteå på avvägar*

# CRAWLKURS

Det var också i Göteborg som jag försökte lära mig crawla. Men det var inte något som jag lärde mig på en gång. Valhallabadet hade kurser för vuxna nybörjare och jag hakade på en 12-veckorskurs under en hösttermin där jag var närvarande vid stort sett alla lektionerna och däremellan tränade jag crawl minst ett par gånger i veckan däremellan före jobbet. Blev morgonpigg och vältränad samt behövde inte duscha före jobbet, men inte lärde jag mig crawla trots att siminstruktörerna gjorde sitt allra bästa. En av mina döttrar fullföljde också kursen och hon klarade den galant, så ingen skugga över instruktörerna.

Vi var cirka 25 kursdeltagare, men mot slutet var det minst 10 som hade gett upp så då blev det lite mer plats i bassängen. Det fanns tre instruktörer och en av dem pratade bara engelska, fast henne förstod jag bäst då hon var en skicklig instruktör och hon gick verkligen in för att jag skulle lära mig, tog mig åt sidan och gav mig speciella instruktioner, men hennes jobb var förgäves.

Att jag skulle ge upp fanns dock inte i mina planer. Förutom simglasögon och badmössa som redan var inköpt så skaffade jag en dolme, simfötter och paddlar. Jag tränade hela vårterminen flera gånger i veckan och visst blev det bättre men jag var helt slut efter 50 meter och badvakterna började också engagera sig i min träning då de såg hur jag kämpade på.

Att vara där under morgontid hade sina nackdelar också då det oftast var fullt i bassängen och många gånger var det irritation från andra simmare om alla möjliga saker. Det fanns en bana för bröstsim och där var det ju olämpligt att hålla till om man skulle crawla. En annan bana var märkt med "motion" och där samsades bröstsimmare som var lite snabbare och crawlare. Utöver detta fanns det en bana för enbart crawl. Jag brukade hålla till i banan märkt med "motion"

Många gånger var mina medsimmare irriterade för att jag crawlade och de tyckte jag skulle gå till banan för crawl, men så snabb var jag inte att jag kunde hålla till där. När jag simmat 50 meter var jag oftast tvungen att stanna och pusta ut och när jag stod och vilade vid kanten så var det oftast någon som blev irriterad för att jag stod där. Ja, jag passade inte in någonstans.

Till slut blev det sommarlov och jag började simma i sjön vid min stuga. Det var helt gratis och alla banor var lediga. Ingen som var irriterad över att jag simmade för snabbt, för långsamt, stod och vilade eller bara plaskade för mycket. Jag simmade varje dag en hel sommar tillsammans med en stuggranne som var lika beslutsam på att lära sig crawla och till slut lärde jag mig andas rätt så att jag kunde simma hur långt som helst, i alla fall med dolme. Då fick jag nya planer och idéer.

*Ingen trängsel i sjön*

Jag och min träningskompis, tillika stuggranne, anmälde oss till
"Skatås sjöar", ett Swimrun i Skatås, Göteborg. Vi var väldigt
spända på om vi överhuvudtaget skulle klara av det så vi
studerade banan på nätet gjorde ett testlopp som skulle likna det
riktiga loppet. När vi hade klarat av det så anmälde vi oss som
ett lag och då var det bara en vecka till start. Loppet avklarades
över förväntan och sen var vi fast. Det har blivit många fler och
lopp med längre sträckor och större utmaningar. Bland annat i
havet mellan öar och i Torne älv mellan Finland och Sverige.

# JULAVSLUTNING

När höstterminen var slut och elever och skolpersonal skulle gå på julledighet så samlades alla elever på skolgården och rektor kom ut på den stora balkongen och höll tal. Det var mäktigt och något som jag aldrig upplevt förut. Stipendier delades ut till elever som förbättrat sina resultat mest. Kändes bra då många hade möjlighet att få det stipendiet. Andra stipendium som delades ut var till de som hade hög närvaro och de som var en bra kamrat.

Det sistnämnda stipendiet var elevrådet inblandat i och de delade även ut två andra utmärkelser som jag ansåg var lite märkliga. De utsåg den bästa läraren, och det var en lärare som endast jobbat där en termin och inte hade någon lång erfarenhet av läraryrket. Jag ifrågasätter inte att hon hade gjort ett bra jobb, men jag tror att valet till stor del avgjordes av att hon var en otrolig skönhet och många elever var förälskade i henne. Men jag är väl inte bitter...!?

Till sist så utsågs skolans snyggaste kille och tjej. Ja, där var man i alla fall uppriktig med vilka kriterier det handlade om. Man får väl vara tacksam att de inte utsåg den sämsta läraren och den fulaste killen respektive tjejen.

Personalen fick ett årskort på Liseberg och vi hade en liten informell fest i personalrummet. Noterade att på en privat skola så är det tillåtet att förtära alkohol inom skolans väggar och det är inte ovanligt att personalen blir bjudna. Vi hade After Work på skolan vid några tillfällen varje termin också.

*Den vackra skolbyggnaden med balkong där rektor höll tal och delade ut stipendier till julavslutningen*

Varför berättar jag detta? Inget märkvärdigt att få en julklapp av sin arbetsgivare kanske många tycker. Men har man som sagt varit kommunalanställd så är man inte bortskämd med julklappar. När vi var statligt anställda, vilket i och för sig var mycket bättre på det stora hela, blev vi inte bjudna på någonting. Jag minns att vi betalade för avslutningsfika/lunch som det ändå var obligatorisk närvaro vid. Julklappar var inte heller uppfunna.


När skolan kommunaliserades, mot de flesta lärares vilja, så började kommunen bjuda på avslutningskaffe till jul och lunch på vårterminens avslutning. Lärarkåren var rörd till tårar och nästan beredda att förlåta politikerna som hade kommunaliserat skolan. Vi fick små symboliska julklappar också. Ett år fick vi alla en mugg som det stod Skellefteå kommun på. En souvenir som alla vårdade ömt, eller kanske inte...

# JULLOV I SKELLEFTEÅ

Av olika anledningar så hade min särbo inte kommit iväg till Indien och jag hade verkligen längtat efter snö och skidor så då blev det att vila upp sig och ladda batterierna i Skellefteå. Det var välbehövligt, jag lärde mig aldrig att uppskatta vintrarna i Göteborg med den kalla råa havsluften som gick genom märg och ben.

I Skellefteå har jag varit med om -40° vid något enstaka tillfälle, men det går att klä sig mot den kylan. När tåget stannade i Bastuträsk och jag klev ut i det snöklädda landskapet med knarr under skorna och snö på träden så drog jag ett djupt andetag och sänkte axlarna. Den magnifika julgranen som var uppställd och tänd på stationen blev nästan för mycket. En karg norrlänning gråter inte, kanske för att tårarna snabbt skulle omvandlas till istappar, men lite rörd var jag allt.

Göteborg var en härlig stad att bo och leva i och jag träffade många härliga människor som det var svårt att flytta ifrån. Inte minst var det svårt att flytta från barnbarnen som hade blivit till under min tid där. Men jag längtade hela tiden tillbaka till Norrland och särskilt min stuga som är min oas i livet. Om det hade varit möjligt att åka dit på helgerna så hade jag nog stannat ett tag till, men det var ju inte möjligt. Min särbo ansåg att det var cykelavstånd till Norr- och Västerbotten. Under de fyra år som jag bodde i Göteborg cyklade han från norr till söder fyra gånger.

# ALLT GÅR ATT FIRA

Så länge som Ms K var kanslist så var varje person uppmärksammad och sedd. Om du var frånvarande, hade namnsdag eller fyllde år så mailade hon ut det till samtlig personal. Dessutom hade hon varje dag någon bild och/eller några tänkvärda eller humoristiska ord att presentera i slutet av sin dagliga information.

Mina närmaste kollegor, eller det team som jag ingick i såg också till att man blev ordentligt uppvaktad, oavsett om man fyllde jämnt eller inte. När jag kom in till mitt arbetsrum i början på januari så hade min närmaste kollega Mr M dekorerat med ballonger, serpentiner och en stor skylt "Happy Birthday" samt ställt en påse med alkoholhaltiga drycker på mitt bord. Oväntat och flott! Visst, det förväntades att man återgäldade det, men det var ändå trevligt att bli uppmärksammad.

Halloween firades givetvis och det var många bland personalen som klädde ut sig. De som var mest entusiastiska tillhandahöll "rekvisita" i personalrummet till hågade kollegor.

*Glasögonen är mina ögonstenar men hatten fick jag låna*

Även Nobeldagen firades med pompa och ståt. Personal och elever som hade något festligt att ta på sig gick om kring och glittrade hela dagen.

# SPORTLOV

Sportlovet kom redan vecka 7. Jag är van att ha sportlov vecka 10 eftersom det brukar vara väldigt kallt innan dess norrut och då kan det vara svårt att ha några längre uteaktiviteter. Min särbo hade till slut kommit sig iväg till Indien så jag bad min chef om en deal att få jobba in den veckan och spara ledighet till hösten då vi skulle på en tävling utomlands. Det var inga problem med det och jag fick det skriftligt också. Normalt sett är det nästan omöjligt för en lärare att få ledigt under läsåret och om man tar ledigt så kostar det väldigt mycket. Vid det laget hade jag också fått en ny kollega och hon ville också jobba på sportlovet.

Vi hade enskild stödundervisning under sportlovsveckan och vi gjorde också ett kartotek i en exelfil över elever med särskilda behov. Det fick vi argumentera för att ha kvar när GDPR infördes.

Vi planerade också för att kunna screena elevernas läs- och skrivfärdigheter digitalt. När man gör en screening så genomför man diagnoser med samtliga elever i vissa årskurser för att tidigt fånga upp de elever som är i behov av stöd. Denna screening är väldigt tids- och arbetskrävande och normalt sett så gör man det endast i början av högstadiet men om det skulle gå att genomföra testerna digitalt skulle vi spara mycket tid i rättning och sammanställning och den tid som frigjordes skulle vi använda till att göra screening i samtliga klasser i början av läsåret. Med ökad kvantitet på testerna förväntade vi oss bättre kvalitet då vi skulle kunna fånga upp fler elever i behov av stöd.

Vissa delar av testerna, läsförståelsen, skulle vi dock fortsätta att rätta själva, men det var endast en bråkdel av jobbet jämfört med förut. Vi hade gott om tid att beställa mjukvaran till programmet samt sätta oss in i hur testerna skulle fungera och vi satte igång screeningen direkt efter sportlovet.

Logistiken planerades också under denna vecka för hur och när och var testerna praktiskt skulle ske. Lektioner i svenska prioriterades för testerna och vi bokade upp salar där det fanns tillgång till så kallade "cromebooks", som var små laptops anpassade för att rymma både böcker och dator på skolbänken. Dessutom var de i stort sett omöjliga att använda till annat än skolarbetet. Det var inte möjligt att gå ut på sidor på Internet som inte läraren hade tillåtit. Självklart fanns det några elever som lyckades ta sig igenom, men det var inte många.


Det fanns också elever med speciella behov som hade en personlig cromebooks avsedd att användas under alla lektioner. Dessa elever transporterade sin laptop mellan skolan och hemmet. Jag var personligen väldigt förtjust i dessa cromebooks eftersom de enbart gick att använda till det som avsågs.


De tidigare erfarenheter jag har av laptops är att de delas ut till alla elever och de kan installera precis vad de önskar på dessa och det gör de också, med påföljd att de kraschar och måste ominstalleras stup i kvarten. Tar enormt mycket kraft och tid från både undervisning och Helpdeskavdelningen.

När vi genomförde testerna på elevernas läs-och skrivfärdigheter gick det någorlunda. Lite teknikstrul blev det förstås, men det är sånt man nog måste räkna med. De delar som skulle rättas manuellt tog dock en hel del tid eftersom vi hade beslutat att genomföra testerna i samtliga årskurser. Det som var suveränt var att vi kunde mata in resultaten och vidarebefordra dem till elevernas mentorer och lärare i Svenska.

Det var tyvärr ganska nedslående resultat på främst läsförståelse bland våra elever. Det hade också de tidigare betygen visat och förklaringen till detta berodde till stor del på att våra elever inte hade svenska som modersmål. Flera av våra elever, trots stödinsatser, gick ut årskurs nio utan att ha ett godkänt betyg i svenska. För att var behörig till gymnasieskolan behöver man ha ett godkänt betyg i svenska, engelska och matematik.

Under mina år på IES var det ingen elev som fick underkänt i engelska, men flera blev underkända i matematik och ännu fler i svenska. Men de som klarade skolgången med godkända betyg hade en bra grund att stå på om de ville studera vidare då de hade bättre kunskaper i engelska än många jämnåriga.

# ELEVUNDERLAGET

Elevunderlaget förväntade jag mig till större delen skulle bestå av ungdomar som kom från välutbildade och medvetna svenskfödda föräldrar med studiebakgrund. Den bilden av IES upptäckte jag mycket snart var felaktig, åtminstone på IES i Göteborg. Ungefär 70 procent av eleverna hade utländsk härkomst och de flesta eleverna bodde i Göteborgs förorter med låg socioekonomisk status. Få elever bodde i nära anslutning till skolan eftersom det inte fanns tillräckligt med elevunderlag i närområdet då IES startade sin verksamhet i Göteborg.

De som sökte till IES var elever som bodde i förorterna. Deras föräldrar var medvetna om att miljön i förorterna inte var den mest optimala för tonårsbarn att växa upp i och skolorna hade också rykte om sig att inte vara de bästa. Valet av Internationella Engelska Skolan var i många fall ett val bort från något, inte till något.

IES marknadsförde sig hårt med att de hade höga förväntningar på både elever och lärare och framförallt så betonade de ORDNING och REDA.

Dessa medvetna utrikesfödda föräldrar från förorterna ville att deras barn skulle få en bättre chans till bra skolgång så de placerade sina barn i en skola i innerstaden och den skola som de sökte till motsvarade i många avseenden deras bild hur en bra skola skulle vara. Jämfört med det kaos som kunde råda i förorterna så var IES ett bra alternativ.

Föräldrarnas studiebakgrund var ofta gedigen, men de hade inte fått arbete i Sverige som överensstämde med deras utbildning. Det blev en bra blandning mellan inrikes födda och utrikesfödda föräldrar på IES då skolan startade upp hösten 2013 och eftersom skolan tillämpar syskonförtur så har den fina mixen på IES kvarstått.

Det är med andra ord ingen större skillnad på elevunderlaget på IES jämfört med andra skolor i kommunen, möjligen kan skillnaden vara just för denna skola att majoriteten kommer från förorten med utlandsfödda föräldrar som också har ett annat modersmål än svenska. I och med att skolan tillämpar syskonförtur så har skolan fortsatt övervägande delen av elever med utländsk härkomst.

Något annat som också påverkade skolvalet var förstås att undervisningen bedrevs på engelska. Familjer som inte hade som avsikt att bosätta sig i Sverige tyckte det var en bra idé att placera sina barn i en engelsktalande skola.

De övriga 30 procenten hade också medvetna föräldrar då de insåg värdet av att bli tvåspråkiga och att deras barn skulle ha stor nytta av att tidigt kunna prata flytande engelska.

# NATIONELLA PROV

Den hysteri som råder kring nationella prov var inte annorlunda på IES än på något annat ställe och de kan trissas upp olika beroende på vem som hade det yttersta ansvaret och som organiserar det hela.

Proven ska noggrant förberedas och de elever som har speciella anpassningar ska beredas det och det har oftast specialpedagogerna ansvaret för, men det är ämneslärarna som förbereder och rättar proven. Specialpedagogen är provvakt till dem så att de extra anpassningarna kan genomföras.

De flesta anpassningar består oftast bara i att många elever behöver en mindre grupp för att kunna genomföra proven. Denna rutin tillämpas på de flesta skolor så det var inget som var specifikt för IES.

Att genomföra de Nationella proven är frivilligt, men de flesta skolor vill ha dem kvar då de får en fingervisning om hur betygen kan sättas. Enskilda elever kan också undantas från att göra proven om det finns särskilda skäl.

# PÅSKLOV

Påsklov betydde att man åter fick andas lite luft från Norrbotten. Vårvintern i norr är den allra härligaste, det mesta av snön är kvar och det brukar vara soligt och varmt på dagarna och minusgrader på nätterna så att skare bildas på snön. Det innebär att du kan skejta vart som helst utan att behöva hålla dig till skoterspår, pistade skejtspår eller skidspår gjorda av spårmaskin. En enorm frihet.

Ibland är skaren så hård att man kan springa på den om man inte är alltför tung. Barn och hundar bär den oftast för och ibland kan man till och med åka spark på skaren. Finns det ingen skare så kan man utnyttja spåren som mina utmärkta stuggrannar alltid drar upp med sin spårmaskin och de finns alldeles bakom husknuten. Är man inte intresserad av skidåkning så kan man åka ut på sjön och borra upp ett hål, doppa ned ett pimpelspö och låtsas som att man fiskar då man egentligen bara är ute för att koppla av och skaffa sig lite solbränna i det vackra aprilvädret. Tillbaka i Göteborg var det full sommar. När är det vår i Göteborg?

Särbon hade också återkommit från Indien med både Cryptosporidium och Giardia i bagaget. Det blev en hård och lång kamp för honom att bli frisk, tog flera månader med medicinering att bli frisk. Men han smittade inte, så det var inte aktuellt att sätta honom på karantän.

# TURIST I EGEN HEMSTAD

Klart man skulle springa Göteborgsvarvet, eller bara varvet som det hette i folkmun. Då kom även löparkompisar från Skellefteå hit. Efteråt så tog jag på mig turistglasögonen och Skellefteåoverallen och blev turist i egen hemstad. Att gå omkring med Skellefteå AIK på ryggtavlan väckte alltid munterhet och ryggdunk. Tyvärr var det inte friidrotten som avsågs, utan det var hockeyfans som kom fram och pratade med en, fast det var trevligt ändå. Det fanns en speciell plats för läktaren för de som älskade 0910, alltså riktnumret till Skellefteå.

Den här "turistdagen" i Göteborg åkte vi med paddan, en turistbåt som gick efter kanalen och älven, och lärde oss mycket om Göteborg. Bland annat att alla hus som byggs måste ha en lika lång förankring ned i jorden som den är hög eftersom jorden är så sank och lerig. Vi fick se statyn över fiskarhustrun på håll och höra historien bakom den och det fanns flera versioner. Tittar hon ut över havet och längtar efter sin make, eller trånar hon efter sin älskare på Hisingen? Lyftkranarna som står kvar som minnesmonument efter att varvet lades ned berättade guiden mycket om, ja det var mycket som var nytt för mig och då hade jag bott i Göteborg nästan ett år.

*Turist från Skellefteå*

Vi gick också och flanerade på stan under vår turistfärd och besökte bland annat till Trädgårdsföreningen. En promenad längs Avenyn var ju given och jag hade aldrig gått hela vägen själv. Däremot hade vi sprungit den dagen innan då vi sprang "varvet". Man säger som sagt inte Göteborgsvarvet och man säger inte heller att man åker spårvagn, man tar en "vagn".

Men då vi sprang uppför Avenyn var vi bara koncentrerade på att ta oss i mål och vi hade inte heller tid att stanna upp och närmare studera statyn Poseidon. Nu tog vi oss tid till att upptäcka den fina Avenyn och även granska den ståtliga Götaplatsen med Poseidon i mitten och därefter hann vi med ett besök på "Universeum". Den här dagen hann jag med mycket fler sevärdheter och turistmål än vad jag gjort på hela tiden jag bott i Göteborg och jag lärde mig mycket nytt. Men det bästa lärde jag mig ändå då jag återvände till jobbet på måndag och berättade om våra äventyr. Då hade min kollega F (Mr M som jag lagt bort titlarna med redan första dagen) en bakgrundshistoria om uppkomsten av statyn på Götaplatsen.

Konstnären Carl Milles skapade figuren i brons och den föreställer havsguden Poseidon. Fast när den stod klar så godkändes den inte av de styrande i Göteborg då de ansåg att han hade gjort hans könsorgan alldeles för stort. Det var säkerligen proportionerligt, men det här var på 1930-talet och tidsandan krävde en mer återhållsam och pryd utsmyckning av staden.

*Poseidon, havsguden, dåligt utrustad*

127

Förargad över utlåtandet förminskades organet till en oansenlig liten snopp, men för att kompensera så lät han havsguden hålla i en fisk och om man ställer sig på trappan till Konserthuset och betraktar Poseidon i profil så kan man, om man har lite fantasi, se att han håller i en magnifik familjelycka. Det sägs vara konstnärens blinkning till allmänheten.

*Poseidon, havsguden, bättre utrustad*

# VÅRFEST

Varje vår hölls en vårfest på skolans innergård där behållningen gick till välgörenhet. Föräldrar, personal och elever var engagerade och festen hölls efter skolan slutat för dagen. Ett utmärkt tillfälle för personal, föräldrar och elever att göra sig av med saker som man inte längre behövde och kanske fynda något nytt i de olika stånden.

Det fanns också olika aktiviteter som man kunde betala för. Bland de populäraste var att man kunde få "tårta" personal som ställde upp på det. Det var en gemytlig stämning bland de som fick en tårta i ansiktet och de som levererade den. Det spårade inte ur detta år, däremot blev det så vid en annan vårfest ett år senare då vi hade ett annat klimat på skolan. Då blev vår rektor "tårtad" på ett synnerligen ovarsamt sätt.

En annan spektakulär och välbesökt aktivitet var när den manlige vice rektorn Mr B ställde upp på att bli av med sin hårväxt på benen (från knä till fot). Den kvinnliga rektorn Ms R klistrade på tejpbitar som kvinnor använder för att bli av med besvärande och generande hårväxt. Därefter fick Ms R äran att riva loss tejpen bit för bit. Jag kan lova att Mr B grimaserade – till elevernas jubel.

# GÖTEBORGSKLASSIKERN

Mina kollegor tipsade om Göteborgsklassikern som ett alternativ till det som i folkmun kallas klassikern där kravet är ett Vasalopp, Vättern runt, Vansbrosimmet samt Lidingöloppet i valfri ordning men utfört under ett år. Hade inte gjort klassikern och trodde inte heller att jag skulle kunna göra den. Oroade mig för cyklingen på grund av att jag var rädd att skada mig i någon klunga och simningen tyckte jag också verkade riskabel.

Göterborgsklassikern startade med ett femmilslopp på cykel, Hisingen runt, en km simning i Delsjön, Göteborgssimmet, samt 10 km löpning, Finalloppet i Skatås. Jag tyckte det lär som en trevlig utmaning och ett bra alternativ till den "vanliga" klassikern. Hade fått den första startavgiften i present av mina barn och vi följdes åt på cykel runt Hisingen i maj. Simningen skulle vara i augusti så vi hade hela sommaren på oss att träna i öppet vatten. Vi tränade inte så mycket men vi erfor att det var knepigt att simma om det blåste och gick vågor.

När loppet gick så var det vindstilla och det enda problemet var att glasögonen immade igen så jag såg praktiskt taget ingenting. Funktionärerna ropade åt mig då jag åkte för långt ifrån banan. Jag hade aldrig simmat så långt i öppet vatten och jag simmade bröstsim då det var det enda sättet jag kunde ta mig fram på. När jag kom i mål gungade marken under mig och jag vinglade fram till medaljutdelaren. Funktionärerna lugnade mig med att det var vanligt att man blev yr och efteråt har jag fått förklaringen att det händer ofta om man får in kallt vatten i örat så påverkas balansen. Billig fylla?

En av mina döttrar fullföljde också simningen och hon sprang också Finalloppet med mig. Löpningen var jag inte alls orolig för eftersom jag tränar löpning regelbundet. Fick ett par sandaler, som skulle vara hälsobefrämjande, som pris. Tyvärr passade de inte mina fötter så bra så de blev kvar på en Indienresa nåt halvår senare. Kanske någon Indier promenerar runt med dem nu?

# LÄSÅRSAVSLUTNING

Förutom alla stipendier som delades ut så var avslutningen mycket speciell för årskurs nio, alltså avgångsklasserna. Årskurs sju och åtta fick bevittna den från läktaren för att se och lära inför nästa år. Vi höll till i en lokal som skolan hade hyrt speciellt för avslutningen. Förberedelserna var rigorösa. Varje elev skulle gå upp på podiet och få sitt avgångsbetyg av sin mentor i en bestämd ordning. Avgångsbetyget var rullat ihop och knytt med ett band då det överräcktes.

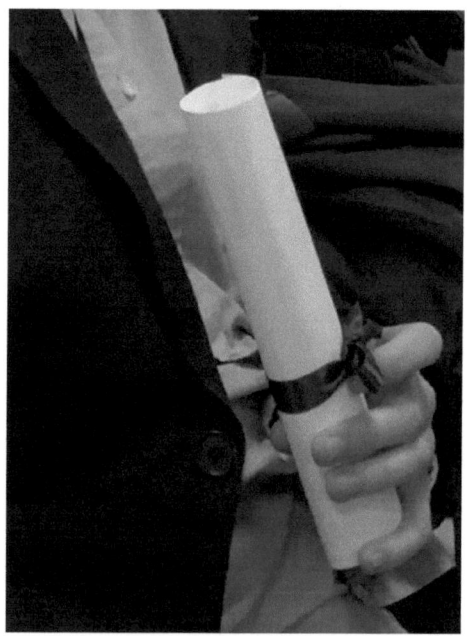

*Betygsrulle*

Alla elever bar en blå cape med tillhörande hatt som tillhandahölls av skolan. Det var också möjligt att köpa sin hatt. Då kunde man låta sina klasskompisar skriva sin autograf på mössan. När hela betygsceremonin var över så skulle bandet som emblemet med årtal satt på flyttas över från vänster till höger sida. Därefter skulle eleverna kasta upp sina mössor och sedan försöka hitta igen den om de hade en privat sådan. Föräldrar var närvarande vi avslutningsceremonin. Eleverna satt på mittraderna och föräldrarna på utkanterna.

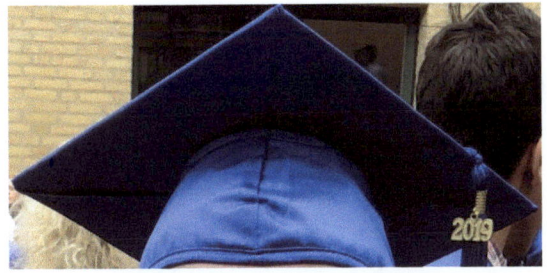

*Examensmössa med emblem*

*Mössorna åker upp i luften*

Efter att själva ceremonin var avslutad så blev det mer uppsluppet. Personalen hade fått i uppgift att visa en lite mer ledig sida av sig själva. Jag och de andra specialpedagogerna kom överens om att vi skulle tugga tuggummi och blåsa bubblor. Den som redigerade videon hade gjort ett kanonjobb för han lyckades synka videon med mig och en annan kollega så att våra bubblor small samtidigt. Väldigt effektfullt.

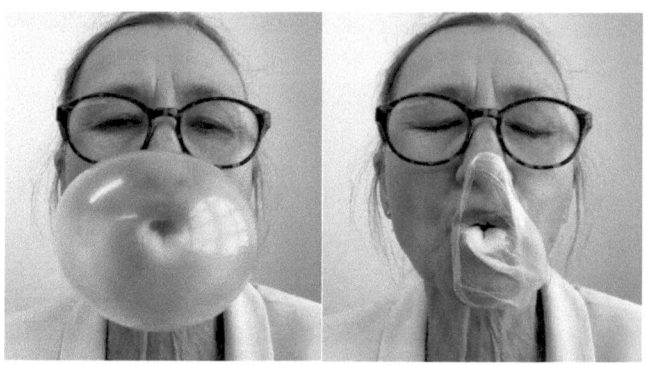

*När jag bjöd på bubbel till mina elever*

Personalen bjöds på lunch efteråt i Trädgårdsföreningens lokaler det här första året och då vädret var strålande så satt vi ute. Mitt emot mig satt en kollega som svettades ymnigt och jag sträckte mig efter vattenkaraffen för att ge honom vatten, men han tackade nej då han var inne i Ramadan, alltså fastemånaden. Han kunde alltså varken äta eller dricka, men ändå så plågade han sig igenom lunchen eftersom, som han uttryckte det, fortfarande var arbetstid. Han var så plikttrogen så det hade absolut räckt med hälften.

Någon månad tidigare hade vår chef meddelat att hon skulle gå i pension och det hade såklart väckt förstämning bland personalen för hon var en ovanligt omtyckt chef. Det var många som slutade på IES på grund av det. Någon uttryckte sig som så att hen inte hade mycket till övers för IES, dess idéer och friskolor överhuvudtaget men med en bra chef så kan man stå ut med det. Efterträdaren var redan utsedd och han hade presenterat sig vid en konferens.

Bland dem som slutade på IES var också kollegan som hade plågat sig igenom avslutningslunchen utan att äta eller dricka, men han hade inte meddelat sin avgång då utan han dök upp på skolan några dagar senare, då lärarpersonalen hade gått på sommarledighet, och meddelade att han hade fått annat jobb och ville därför säga upp sig. De som var där har berättat att han skämdes och hade väldigt dåligt samvete eftersom han i grunden var så plikttrogen. Han lämnade en hög med presenter till ledningen och bad så hemskt mycket om ursäkt för att han skulle sluta.

Jag fick också en vänförfrågan av honom på Facebook och jag förstod inte riktigt varför, men jag tackade ja i alla fall och då skrev han ett långt meddelande till mig via Messenger om att han beundrade mig som "atlet" och att han tyvärr skulle sluta på skolan då han fått ett annat jobb och att han skulle sakna mig.

Han var nämligen själv väldigt intresserad av att träna och hade sprungit en mara en gång, så jag tror att hans beundran var uppriktig. Han var alltid angelägen om att berätta hur mycket han tränade, hur han tränade och vart han sprang. Det var absolut inte på någon flirtig nivå då han var extremt artig och korrekt.

Bara en gång blev jag fundersam då vi möttes i trappan, halvspringande båda två, han på väg ned och jag på väg upp. Plötsligt hör jag hur han skriker "I love you" och jag stannar upp mitt i steget för det lät minst sagt märkligt för att komma från honom. Men sekunden efteråt sjunker det in vad han sa, "I love your dress" var det visst. Så jag skyndar mig att säga "Thank you!" Det var en vanlig artighetsfras mellan kollegor och jag hade faktiskt lite utstickande kläder då. En knallröd kavaj med tillhörande byxor.

# ARTIGT OCH VÄLVÅRDAT SPRÅK

Det tog tid innan jag vande mig vid artighetsfraserna från kollegorna och jag lärde mig aldrig riktigt att var lika artig och att besvara fraserna direkt och korrekt. Det kan ha att göra med din norrländska tröghet, var det någon kollega som skojade med mig om. Jag har aldrig varit rapp i käften och jag är dessutom inte van vid från mina tidigare arbetsplatser att man verkligen ser och uppmärksammar varandra och strör komplimanger omkring sig och nu skulle jag dessutom göra det på ett annat språk, vilket i och för sig underlättade eftersom det var en ny värld för mig och det blev en ny roll att spela med i men det kändes ovant, onaturligt och trevligt på samma gång. OK, det kanske inte alltid kommer från hjärtat då det är fraser som man lägger till sig med, men det är betydligt trevligare än att möta någon kollega i korridoren som knappt bevärdigar med en blick och ännu mindre en nickning eller ett "hej". Jodå, såna surkartar har jag stött på.

Jag drar mig till minnes den gången på 70-talet då vi var på en charterresa tillsammans med några vänner. Sista kvällen skulle det vara avslutningsfest och på väg dit så möter vi en överförfriskad yngling som sluddrande säger till oss att det inte är lönt att gå upp, spriten är slut. Vi fortsatte ändå uppför trappen och gick in i lokalen. Där satt och låg människor runt omkring vid bord och såg tämligen apatiska ut, ingen tycktes vara i någon god festform och det var inte någon som uppmärksammade oss då vi travade runt i lokalen.

Så hör vi att det är någon aktivitet på gång en trappa upp och vi tar oss dit. Där står alla upp och pratar med varandra, mingla har jag senare lärt mig att det heter. Vi möts av välkomnande och genast har vi en drink i handen. De frågar vad vi heter och presenterar oss vidare till nästa gäst "This is Edith, Isn´t she lovely"

Ja, som ni förstår så var det svenskar som befann sig i den nedre våningen och amerikaner i den övre. Vi förstod också att det var artighetsfraser som inte skulle tolkas ordagrant, men vi uppskattade verkligen det trevliga bemötandet.


Är det språket det handlar om? Är engelska ett artigare och mer välformulerat språk än svenskan? Eller är det en kulturfråga? Det är i i alla fall stor skillnad i hur man använder språket och hur man tilltalar varandra. I engelskan använder man "please" i var och varannan mening, det känns enkelt och naturligt och med bara ett ord. I svenskan behöver vi oftast använda flera ord för att säga samma sak. "Kan du *vara snäll och* stänga dörren?" "Can you *please* shut the door?" Fraser som "have a nice day" har börjat användas på svenska, men det känns ofta konstlat och det är ofta försäljare som använder det uttrycket till sina kunder.

# BARTÖMNING I FRIHAMNEN

I frihamnen anlades en park som kallades Jubileumsparken, med anledning av att Göteborgs stad skulle fira 400-årsjubileum 2021. Nu kom ju firandet av sig på grund av pandemin, men tanken var att det skulle firas då. I parken byggdes lekredskap och en bassäng som tog in vatten från älven och alldeles intill fanns en väldigt speciell bastu. Den var uppbyggd ute i älven och liknade ett kråkslott uppbyggt av drivved. Nu var det inte drivved den var uppbyggd av men det var återvunnet material och bastun kallades för "Svettekörka" av Göteborgarna.

*Svettekörka vid frihamnen*

Det var fri entré till både bassängen och bastun, som man även kunde boka privat under vintertid, och vi besökte den privat några gånger och brukade avsluta med att äta en bit i den intilliggande restaurangen som också var lite annorlunda. Den hade lite hippiestil med fantasifulla möbler och annan inredning. Sista gången vi var där så fick vi veta att restaurangen skulle stänga för gott och att det nu pågick bartömning så allt såldes för halva priset. Det blev något glas extra då vill jag minnas.

# SOMMARLOV

Sommarlov och jag styrde kosan uppåt landet. Med bil den här gången eftersom det är en förutsättning för att kunna bo i stugan som ligger ett par mil från närmaste affär och det finns inga andra förbindelser att tillgå. Det blev en härlig sommar med många timmar i vattnet, och även detta år blev det ett swimrun i Skatås sjöar, denna gången lite längre bana.

Sommaren var som vanligt alltför kort och det var tråkigt att invintra stugan så tidigt. Jag kunde ju inte längre som förut, då jag bodde i Skellefteå, åka dit över helgen. Men denna sommar var betydligt lugnare än förra sommaren. Nu skulle jag ju tillbaka till ett jobb jag kände till och min lägenhet var färdigmöblerad, storstan var inte längre så främmande och jag hittade någorlunda överallt.

# NYTT LÄSÅR, NY CHEF

Det här året tillhörde jag inte längre de nyanställda och jag kände därmed till de flesta av personalen och de rutiner som gällde på skolan – trodde jag. Men vi hade en ny chef som var handlingskraftig och som pekade med hela handen. Han genomförde många nya reformer, både bättre och sämre under detta läsår.

Det började med att han flyttade på rektorsexpeditionen och därmed andra medarbetare. Det var inte en lyckad flytt då den genomfördes ganska osmidigt och utan att känna sig för. Där trampade han några på tårna rejält då de fick flytta till andra lokaler på betydligt sämre ställen i skolan. Mest besviken var nog den som suttit väldigt centralt i skolan och haft ett relativt stort kontor nu var hänvisad till ett minimalt rum i källaren. En källarskrubb skulle man kunna kalla det. Hen blev tidigt väldigt osams med chefen och sa upp sig inom kort.

Även vi specialpedagoger fick flytta ned till källaren med resultatet att vi inte längre hade denna magnifika utsikt men vi hade bättre utrymmen och toalett och dusch alldeles intill. Vi hade också vår undervisningssal alldeles intill där vi rymde många fler elever än den "skrubb" vi tidigare disponerat. Det var också en betydligt kallare lokal än tidigare.

Chefen började läsåret med att kalla ut all personal på skolgården och ställa upp sig mot muren så vi skulle kunna se skolbyggnaden på långt håll. Minns att vi skojade om att vi kanske skulle arkebuseras. Därefter pratade han varmt om denna byggnad och menade på att vi hade en fantastisk skola och vi skulle bli ännu bättre.

Resultaten och trivseln skulle öka, fastslog han. Tidigare hade han jobbat som rektor på en annan skola i stan men alltid haft som dröm om att få jobba som rektor på IES, berättade han. Redan här var det många som blev skeptiska till vår nya ledning, men vi hade ju som sagt haft en väldigt duktig och trevlig chef tidigare så jag tänkte nog att han måste väl få en chans att visa vad han går för. Det är svårt att ta över efter någon som har varit populär.

Nästa förändring var att han öppnade huvudingången som varit stängd sedan några år tillbaka för att kunna hålla koll på vilka som kom in i skolan. Han ansåg att dessa mäktiga portar inte skulle stå stängda så på morgonen då vi hälsade alla välkomna så skedde det från huvudingången. Mycket bra förslag tyckte många och porten låstes vid 10-tiden av den personal som hade det sista "greetingpasset", alltså då vi hälsade eleverna välkomna till skolan.

Rektor var en viktig del i hälsningsceremonin och vår tidigare rektor deltog minst en gång per vecka och hon kunde även rycka in extra om någon blev sjuk eller förhindrad på något sätt. Den nya rektorn hade infört att vi skulle vara två på varje pass så det blev några fler tillfällen per vecka och person. Vår nya chef hade kanske ambitioner att vara med och hälsa eleverna välkomna på morgonen också, men det var åtskilliga gånger han blev förhindrad att delta i detta. Han hade dessutom inte förstånd att klä sig ordentligt, nåväl, det var få Göteborgare som hade det förståndet. Jag var nog tämligen ensam om att bära täckbyxor, så han stod där och huttrade när han skulle göra sitt hälsningspass.

Vid ett tillfälle då jag hade passet tillsammans med honom så löste han sin frusenhet med att ringa vår kanslist och be henne att hämta kaffe åt honom. Jag trodde inte jag hörde rätt. Hon skulle springa från ena kanten av skolan, förbi oss där vi stod i dörren till personalrummet för att hämta kaffe och sedan tillbaka till sitt rum när hon lämnat kaffet till honom. Jag såg på henne hur stressad hon var och jag begriper inte att hon gjorde som hon blev tillsagd. Ännu mindre begrep jag att inte gav vår chef en åthutning för sitt tanklösa beteende. Istället stod jag bara där och gjorde stora ögon. Den förra kanslisten, som nu var barnledig, hade betydligt mer skinn på näsan och jag betvivlar att hon hade sprungit och hämtat kaffe.

Han skickade också ut flera uppmaningar via mail om att vi skulle gå ut och plocka skräp på skolgården, något som de flesta ändå gjorde automatiskt, men vi såg aldrig vår chef själv plocka skräp. I mailen hade han bifogat bilder med hur det såg ut på skolgården och det kunde vara direkt efter en helg då det troligtvis hade varit obehöriga som samlats på skolgården. Dessa mail bidrog starkt till att han nästan direkt kom på kant med personalen. Det var olyckligt att han inte valde en varsammare väg. Om han hade gått lite varsammare fram och förändrat långsamt med mer fingertoppskänsla så hade det förmodligen

gått bättre. Vår nya chef ville helt enkelt profilera sig snabbt och
införa förändringar i en rasande fart. Förmodligen tänkte han
också på verksamhetens bästa men var inte tillräckligt
inkännande.


Det som också upprörde många var att han inför hela kollegiet
också sa att "If you have a deal with Ms R (Den förra rektorn)
You do not have that deal with me." Det kändes ganska kantigt
och kompromisslöst då han sa det och många med mig blev
irriterade då de hade invanda rutiner som nu skulle ändras rakt
av. Tror inte det var några överenskommelser som de gjort med
Ms R som stred mot reglementet utan det var bara smidiga
kompromisser.


Jag tänkte genast att min "deal" med Ms R skulle gå i stöpet.
Hade ju jobbat under sportlovet mot att jag skulle kunna ta ut en
veckas ledighet till hösten då jag skulle på veteran VM i
Malaga. Men min tidigare chef, som nog hade fattat beslutet att
gå i pension tidigare, hade via mail gett mig ett skriftligt löfte att
jag hade en veckas ledighet att ta ut, så jag letade fram det och
då gick det igenom.


Till vår nya rektors försvar måste jag säga att jag aldrig
upplevde att han var otrevlig mot mig eller mina närmaste
kollegor. Vi gick i nån sorts gräddfil och han stod alltid bakom
all personal då det gällde angrepp från föräldrar och elever. I
såna lägen var han suverän, och han kunde också finna en hel
del lösningar till våra elever som inte klarade av att vistas i
skolan, så kallade "hemmasittare" Han kunde prata svenska då

det knep och det gjorde han ibland om man var ensam med honom. Då pratade han gärna om sina fritidsaktiviteter.

Även denna höst fick jag begära ledigt för att åka på begravning. Denna gång var jag ännu mer berörd av det än när min gamla mor dog hösten innan, då det denna gång rörde en ung släkting som avlidit i cancer. Jag skrev därför en ledighetsansökan som han skrev under. Han frågade aldrig vem som skulle begravas och jag minns att jag upplevde det som okänsligt. Det var sällan han frågade någon annan om något personligt utan han pratade mest på om sitt och det medförde att han missade viktig kännedom om sin personal.

Lucia brukar firas i gympasalen och delas upp i omgångar eftersom vi inte rymdes alla samtidigt. Det ändrade han också på. Vi fick ändra på datum för firandet eftersom alla lokaler var upptagna och det blev istället sista skoldagen inför jullovet. Firandet blev i en kyrka där hela skolan rymdes och det blev faktiskt bra, trots alla tidigare invändningar och protester.

Personalen fick inga julklappar det året, men alla fick ett julkort med eget namn på kuvertet och inuti ett kort där man hade någon sorts förhoppning om att det kanske låg nån biobiljett där eller något annat. Men nej, där var bara ett handskrivet meddelande: "Merry Christmas and a Happy New Year from IES"

Snopet, men det var inte det värsta. Det som var anmärkningsvärt var att kanslisten, inte någon från skolledningen, hade suttit och präntat ned allt detta till all personal. Så onödigt slit för så lite kan man tycka och man hade önskat att chefen åtminstone hade bemödat sig med att underteckna kortet. Jag skickade henne ett personligt mail där jag tackade henne så mycket för att hon lagt ned så mycket tid för att önska oss en God jul och ett Gott Nytt år.

# KONTROLL

Under mitt första år på IES fick jag veta att det var viktigt att meddela om man gick ett ärende under skoldagen. Det var nog främst en säkerhetsfråga för att veta vilka som fanns i byggnaden om det skulle börja brinna, inte för att kontrollera personalen. Så jag meddelade alltid när jag gick iväg nånstans.

Vi hade också brandövningar som man hade på alla skolor och jag tyckte att rutinerna på denna skola var väldigt noggranna. Vi fick också öva olika typer av larm. Mellan larmsignalerna skulle det också komma en röst i högtalarna om vilket sorts larm det var. Vid "fire" så gick alla förstås ut och samlades på ett bestämt ställe på skolgården, men om det var "intruder", alltså en inkräktare som kunde skada elever och personal, fanns det speciella rutiner för det. Vi skulle låsa in oss där vi befann oss och om man befanns sig i ett klassrum med elever skulle man uppmana eleverna att lägga sig på golvet.

Det här läsåret förändrades rutinerna. När du meddelade att du skulle iväg någonstans så noterades det av kanslisten och därefter fick du löneavdrag, förmodligen efter nya instruktioner av chefen, den tid du varit borta om du inte uppgett att du skulle iväg i något direkt tjänsteärende.

När man inför dessa stelbenta rutiner så känner sig personalen övervakad och fråntagen förtroende. Visar man på detta sätt att man inte litar på sin personal leder detta följaktligen till att man underlåter att meddela då man går iväg för att uträtta något ärende. Det var förstås ingen som smet iväg från sitt arbete, bara lämnade det en kort stund för att senare återuppta det. Att lämna sin arbetsplats för kortare ärenden är nog något som normalt sker på de flesta arbetsplatser så nog var det lite fyrkantigt att göra en så stor sak av detta.

Klimatet försämrades allt eftersom och flera kollegor sökte andra jobb. Det var både svenska och utländska kollegor. Det var många som kände sig kontrollerade och att kraven och arbetsbördan för personalen hade skärpts. Fortfarande måste jag hävda att vi som var specialpedagoger behandlades med silkesvantar. Men jag blev också påverkad av stämningen i personalrummet och att det var många ambitiösa kollegor som gick på knäna.

När en kollega som jag hade förtroende för säger till mig att hen inte längre tyckte det här var en bra arbetsplats så började jag också tänka i de banorna. Jag var också sugen på att prova något nytt igen och det kändes rätt då jag detta år skulle lämna de flesta av mina elever till gymnasiet så jag skulle inte lämna någon elev "i sticket".

Så sökte jag mig till en gymnasieskola där jag ökade min lön med flera tusenlappar och det var bara allt för frestande att tacka nej till. Att dessutom få möjlighet att jobba på gymnasiet de sista åren före pension var också en anledning till att jag slutade på IES. Men jag kom att sakna mina fina kollegor och den sammanhållning som fanns där.

Det var förstås bekvämt att få prata svenska med både kollegor och elever på mitt nya arbete på gymnasieskolan och jag hade äntligen fått ett eget tjänsterum med mitt namn på en dörrskylt, lampa på dörren som jag kunde använda då jag var upptagen, egen skrivare på rummet, telefon samt tjänstemobil. Jag tyckte jag hade kommit till himmelriket igen men det dröjde inte länge förrän jag tyckte att det blev väldigt ensamt att sitta på sitt rum och inte ingå i något arbetslag.

Fast jag är glad att jag fick insikt i hur gymnasieskolan fungerar och den stora glädjen där var att verkligen hjälpa elever att nå sina mål. Fick fräscha upp mina mattekunskaper och vara mattelärare för de elever som ännu inte klarat A-kursen i matematik efter år 2. Den kursen behövde man ha godkänt i om man skulle få ut sin gymnasieexamen. Jag stannade där i två år och det sista året rådde det pandemi och det var nog en besvärlig tid på alla skolor så mitt sista år innan pensionen var inte så lustfyllt. Det var också en privat skola och hade också sina för- och nackdelar.

# BORTA BRA, MEN HEMMA BÄST.

Jag hade planerat att stanna i Göteborg i ett år, men det blev fyra. Det beror dels på att jag trivdes väldigt bra i Göteborg och dels på att Jag blev både farmor och mormor fyra gånger under denna tid så det bidrog till stor del att jag stannade så länge.

När min särbo för andra gången kom hem från Indien hade han varit där i fyra månader. Den kväll jag väntade honom tillbaka var flyget försenat och han fick ta en taxi hem mitt i natten. Jag hade då somnat i soffan och hade av misstag ställt telefonen på ljudlöst. Porten var låst och den gick bara att öppna utifrån med nyckel. Då han inte fick något svar på telefonen försökte han kasta grus på mitt fönster. Jag bodde på andra våningen och han lyckades bara pricka fönstret på första våningen så han hade hunnit bli lite uppgiven då jag till slut hörde vibrationerna från telefonen, svarade och gick och öppnade.

Den här gången kom han hem med en kraftig lunginflammation som också var misstänkt kikhosta och TBC. Han isolerades ett tag på sjukhuset men då han blev friad från misstankar om allvarligare saker än lunginflammation så släppte de ut honom. Giardian hade han lyckats lämna kvar i Indien men det var en lång och utdragen process att återfå konditionen. Trots detta lyckades han även denna gång komma i form och har sprungit flera maror efter det. De sista två åren som jag bodde i Göteborg kom pandemin, med allt vad det innebar, det som var positivt var att jag återfick min sambo då resandet upphörde och Solvikingarna utökades med en medlem.

När jag gick i pension så gick flyttlasset norrut igen. Vi är numera sambos på vinterhalvåret och särbos under sommaren. Borta bra, men hemma bäst. Det blev inte tillbaka till Skellefteå där jag bott större delen av mitt liv utan tillbaka till Lombäcken där jag haft stuga lika länge. Har alltid trivts bra i min stuga och tänkt att där hör jag hemma. Men mycket har förändrats i min by och den närmaste staden Boden. Jag stortrivs i stugan men hemma är det inte riktigt och att bo i en stuga resten av livet är nog inte realistiskt.

Det måste sägas att det inte var någon enkel sak att flytta "hem" igen. Jag genomgick samma process när jag skulle återvända. Det var svårt att klippa bandet med Göteborg så jag hyrde ut lägenheten ett år innan jag sålde den. Kändes bra att inte ha bränt alla broar och jag önskar ibland att jag hade bott kvar ett år till så att jag verkligen hade hunnit uppleva Göteborg, utan att tänka på arbete. Fast den sista tiden var trist på alla sätt då det rådde pandemi, så att flytta till något annat kändes rätt.

När den tiden kommer att flytta till en lägenhet så känns det inte lockande att flytta till Boden. Skellefteå är nog det första alternativet, fast vad hinner hända i Skellefteå innan dess? Kommer det att bli lika främmande som Boden känns nu? Finns mina vänner kvar? Vad är hemma?

*Min nuvarande bostad i Lombäcken utanför Boden.*
*Kontrasterna är slående jämfört med storstaden.*

# ÄR IES DEN BÄSTA SKOLAN?

Det var en personlig kick att få jobba på IES. Jag var hänförd det första året, men om jag blickar tillbaka så visst fanns det brister. Det är lätt att bli förtrollad och förförd när man får jobba på en skola som har en gemensam struktur och anda, så till att börja med så tycker man att allt är bättre. Men om den kommunala skolan skulle ta till sig det som IES har lyckats väldigt bra med så skulle de kunna behålla sina elever och inte förlora dem till privata skolor.

Om jag ska sammanfatta min tid på IES så tycker jag att Barbara Bergströms idér och intentioner är alldeles utmärkta, bara svåra att genomföra då de är alldeles för ambitiösa. Det är bara idealister och fantaster som har ork och energi att jobba dygnet runt som hon verkar ha gjort i sina första skolor.

Grundaren Barbara Bergström var noga med att poängtera att hon tyckte det var viktigt med fräscha toaletter och att skolan hölls städad. När hon startade upp de första skolorna så jobbade hon som rektor och den rollen gick hon helhjärtat in för. Hon städade toaletter och sprang runt och plockade skräp och såg till att undervisningen bedrevs med de intentioner som hon hade. När det fanns fler än två skolor så mäktade hon inte med att vara rektor för dem men hon fortsatte att ha den högsta chefsposten för de nya skolorna

När koncernen byggdes ut och nya rektorer tillträdde så började Ms Bergsröms idéer redan naggas i kanten. Det fanns helt enkelt ingen som klarade av att följa hennes ambitioner. Till saken hör

154

också att det var inte bara "rikemansbarn" som sökte sig till IES utan det började bli blandat klientel. Utlandsfödda föräldrar och elever kan acceptera en striktare skola men svenska elever är vana att ifrågasätta, på både gott och ont.

Jag motsätter mig inte att en skola kan drivas med vinst, men jag anser att vinsten ska gå tillbaka till skolan i form av utökade resurser i form av ökad personaltäthet, rymligare lokaler, färre elever i varje klass, läromedel etc. Det som nu händer med vinsten är att IES bygger nya skolor så att koncernen kan bli ännu rikare. Då man ser rapporter om vilka vinster som skolan gör så är det obegripligt att det inte används till att skapa en bättre skola med bättre resurser.

Jag var både förvånad och bestört över att IES hade så stort antal elever per klass. Normalläget var 32 elever. Det finns inte en chans för undervisande lärare att hinna uppmärksamma varje elev under en lektion. De lärare som rekryteras kommer till större delen från engelsktalande länder och de är underbetalda trots sin höga kompetens. Det är inte utan att man misstänker att därifrån kommer en stor del av vinsten.

Jag skulle vilja påstå att det är tack vare de skickliga lärarna från andra länder än Sverige som engelska skolan fungerar någorlunda. Det är svårt, för att inte säga omöjligt för dem att förhandla sig till bättre löner. Kanske har de i tron på att kunna återkomma och löneförhandla gått med på en dålig ingångslön, men i Sverige löneförhandlar bara lärare då de byter tjänst. Det gäller alla skolor och oavsett vilken bakgrund du har. Visst, det förekommer lönesamtal med jämna mellanrum, men det är mest ett spel för galleriet. Det rör sig om hundralappar som chefen kan sprida ut i något som kallas lönedifferentiering och som bara orsakar osämja bland personalen utan att någon får någon avsevärd löneförhöjning.

En bit in på 10-talet så införde den dåvarande regeringen att några speciellt duktiga lärare kunde bli "förstelärare". Om man blev utsedd till det så fick man upp lönen med 5000 kronor. I några kommuner blev man utsedd på livstid och i Skellefteå kommun utsågs några på ett år och några på två år. Följden av detta blev förstås en hel del avundsjuka och de som inte fick åtnjuta denna förmån blev följaktligen "andrelärare". Dessa olika grader av lärare fanns också på IES.

Det bästa sättet att få upp sin lön är alltså att byta tjänst. Det gäller nog för fler yrkesgrupper också. Men att byta tjänst är inte lätt om man kommer till ett land där man inte behärskar språket. För att få jobb på en svensk skola krävs att du kan tala svenska flytande. Det innebär att de i slutändan är livegna på IES. De kan inte få något annat jobb så länge de inte kan tala svenska flytande och att få upp lönen är därmed omöjligt. Tack och lov finns det flera skolor i Göteborg där de har internationell inriktning och där arbetsspråket är engelska. Flera av mina tidigare kollegor sökte sig dit.

En av kollegorna kämpade hårt med att lära sig svenska och när hon på en studiedag, då hon inte skulle behöva vikarie för sin frånvaro, ville gå iväg nån timme för att göra sitt prov blev hon nekad av Mr X, vår andra chef.

# SKOLLEDARENS BETYDELSE

Skolledaren är oerhört viktig för andan på skolan, likaså övriga nyckelpersoner i skolledningen. Jag har mött många rektorer under min tid. De flesta har inte varit speciellt insatta i min lärargärning. Det spelade mindre roll för lärares lönesättning före 1991 då vi hade tarifflön och fick löneförhöjning var tredje termin. När vi sen blev kommunanställda så skulle lönen differentieras efter prestation. Då hade det känts bra om rektor känt till hur min undervisning fungerade för att kunna sätta en rättvis lön och ännu bättre för verksamhetens kvalité om skolledare har kunskap om verksamheten och utvecklar den därefter.

Men de flesta rektorer har drunknat bakom sina pappershögar och har inte någon stöttande kollega som till exempel studierektor eller tillsynslärare som kan hjälpa dem med allt som en rektor åläggs. Men där de ändå har gjort skillnad är hur de har visat sitt engagemang och skapat en god stämning och "vi-anda" på skolan.

Jag hade en gång en chef som enligt många var helgalen, men han hade en framåtanda och ett "go" som gjorde att det hände många positiva saker under den tid han var chef. Han var tämligen lössläppt med anslag och det var många fortbildningar under hans tid på skolan. Det var någon som sa att det gällde bara att skicka honom på rätt spår så skulle han springa i mål, för han gav sig aldrig.

Vi var på den tiden väldigt trångbodda på skolan och hade klasser som var utplacerade på en annan närliggande skola. Han tjatade tills ansvariga på kommunen till slut byggde ut skolan. Det var någon som hade snappat upp en kommentar från ett sammanträde i kommunfullmäktige där någon mumlat att "vi måste säga ja till honom annars kommer han att nöta på tills vi ger oss" och det var vi som personal väldigt tacksamma för att vi hade en sån chef som kunde tjata tills han fick som han ville.

Det här var i mitten på 90-talet och datorer var tämligen ovanligt ute i skolorna. I högstadieskolorna fanns det datasalar men på lägre stadier var det ovanligt. När han fick nys om att jag plockat in några överblivna datorer i ett mellanstadieklassrum blev han väldigt engagerad.

Han visste själv inte vad som var bak och fram på en dator men han gick på som i kejsarens nya kläder och pratade varmt om datorer och han trodde starkt på att det var framtiden. Ibland var det svårt att hålla sig för skratt då han bredde ut texten och blottade sin okunnighet. Men han var en sann visionär och anade att det här var bra för skolan så han gav mig en vecka ledigt att förbereda en veckas utbildning för samtliga kollegor i sammananlagt sex veckor.

I efterhand förstår jag inte hur jag vågade, jag kunde inte särskilt mycket heller, men tillräckligt för att lära ut något till andra. Han gjorde inte heller någon större sak av att jag var kvinna. Teknik var ju förbehållen män i första hand och mina manliga kollegor har senare berättat att de var lite avundsjuka på mig men jag märkte aldrig av att de var missunnsamma och försökte motarbeta mig. Tvärtom så stöttade vi varandra och några blev tillsammans med mig väldigt engagerade i att utveckla tekniken.

Det var nog en av anledningarna att jag höll mig kvar vid lärarjobbet, det blev som en nytändning för mig då det efter kommunaliseringen gick utför med det mesta i skolan. Det här var ett bra startskott för vår skola och vår rektor lyckades också utverka att vi som första skola i kommunen fick ett nätverk installerat.

Det var sällan någon som nekades fortbildning under hans tid som rektor och han var också generös med andra anslag. Medaljens baksida var att skolans ekonomi gick med kraftigt underskott under hans ledning, men vad gjorde det? När han gick i pension hade han gjort skolan fattig men rik på idéer och inspiration och framförallt hade den utvecklats i rätt riktning.

Vi tyckte fortfarande att han var galen och ibland alldeles för frispråkig. Många gånger fick vi försöka släta över och rätta till saker han sagt på föräldramöten. Han ansåg bland annat att vissa klasser behövde ha en manlig lärare då det i dessa klasser fanns barn som bara sett en pappa på foto. Rolig och träffsäker jämförelse, fast kanske inte något man säger på ett föräldramöte.

Fast ingen kunde säga emot att han var godhjärtad och hade goda intentioner och genomförde många viktiga förändringar. Han gick i pension ända in i kaklet. Alltså han trappade inte ned förrän han slutade på riktigt, till skillnad från en annan rektor som jag hade som chef några år senare. I samband med att han bestämt datum för sin avgång, drygt en termin senare, agerade han som om han loggat ut från sin roll som rektor.

Det jag såg tydligt under mina två år på IES var att samma organisation med väldigt tydliga intentioner och regler kunde göra så stor skillnad beroende på vilken rektor som var tillsatt. Den rektor som tjänstgjorde under mitt första år var oerhört vänlig, men vi hade alla en stor respekt för henne. Hon arbetade lika hårt som sin personal och ingen uppgift var otänkbar för henne att utföra. Dessutom hade hon väldigt god elevkännedom, trots att skolan inrymde ca 500 elever.

De åtgärdsprogram som hon beslutade att vi specialpedagoger skulle skriva läste hon igenom noggrant innan hon undertecknade dem. Det var ovanligt att hon petade i texten, hon litade på den specialpedagog som skrivit det, men hon satte sig in i texten. År två så pekade jag med fingret på den rad min rektor skulle skriva under på och han skriv under utan att bevärdiga dokumentet en blick.

Att vara bestämd men samtidigt kompromissa är en gåva och att lita på sina anställda samtidigt som man håller sig informerad om vad som pågår i verksamheten är viktiga egenskaper som skolledare bör besitta. Skolledaren präglar andan på skolan och är skolans ansikte både utåt och inåt.

Den skolledare som fanns på skolan år två lyckades inte skapa någon bra stämning och anda på skolan. Dessutom var han väldigt fixerad vid skolans resultat. Han deklamerade från första start att skolan skulle visa upp bättre resultat under hans tid som rektor. Jag vet inte om han lyckades med det eftersom jag slutade innan jag hann se siffrorna presenterade.

# FRAMGÅNGSFAKTORER FÖR SKOLAN

Skulle det gå att driva en kommunal/statlig skola i samma anda som IES? Absolut vill jag hävda. Den svenska skolan har haft en nedåttrend de senaste åren och varken elever, föräldrar och personal är nöjda. Det som starkt har bidragit till att sänka skolans kvalité är kommunaliseringen på 90-talet då kommunerna fick ta över ansvaret för skolväsendet och skapade ojämlika förhållanden över hela landet och kraftigt försämrat både elevers och lärares arbetsmiljö och villkor.

IES profilering, förutom att eleverna lär sig engelska, är att den har strikta regler och det är något som får många föräldrar att välja just denna skola då det kan vara ganska rörigt på en del högstadieskolor. Om reglerna verkligen efterlevs beror på hur föräldrar och skola samarbetar, vilket elevunderlag som finns på skolan, vilka lärare som arbetar där och sist men inte minst vem som är skolledare.

För att få den kommunala (eller statliga) skolan att fungera bör vi "plocka russinen ur kakan" från bland annat IES men vi bör också undvika det som är mindre bra. Här har jag räknat upp några framgångsfaktorer.

- Skolledares främsta arbetsuppgift bör vara att ansvara för den pedagogiska verksamheten.

162

Skolledaren är skolans ansikte utåt skall driva skolan i rätt riktning genom att stötta, entusiasmera och komma med konstruktiva idéer för att förbättra verksamheten.

En rektor ska ha en pedagogisk utbildning och erfarenhet av pedagogiskt arbete. Skolans ekonomi och andra praktiska detaljer bör skötas av andra befattningshavare. Skolledare måste ha en biträdande skolledare vid sin sida som kan sköta bokföring och ekonomi då skolledarens viktigaste uppgift är att leda och fördela den pedagogiska verksamheten.

- Öka personaltätheten.

Lärare måste ha möjlighet att se varje elev så att de kan göra korrekta bedömningar vid betygssättning och olika uppkomna situationer i klassrummen. Det är inte alltid så enkelt då elevantalet som regel är 32 elever i varje klass. Här är IES inget föredöme.

- Förbättra lärarutbildningen

Lärarutbildningen måste förbättras och framförallt innehålla mer praktik. Den lärare som tar emot en lärarstuderande ska förutom ett lönepåslag erbjudas nedsättning i tjänst för att kunna handleda den lärarstuderande.

- Mentorer till nyexaminerade lärare

När en nyexaminerad lärare börjar sin första tjänst så ska denne också erbjudas en erfaren lärare som mentor det första läsåret. Nedsättning i arbetstid med full lön för handledning för både mentor och den nyanställde skall erbjudas.

- Höj lärarlönerna

Om lönerna höjs generellt blir yrket åter attraktivt, intagningspoängen till lärarhögskolan ökar och vi får kvalificerade lärarstudenter. Vid kommunaliseringen av skolan sjönk lärarlönerna kraftigt då det ålades på kommunerna att finansiera dem. Med detta följde då automatiskt sämre status för läraryrket och därmed minskade också yrkesstoltheten.

- Läraren är klassens chef och skall fatta beslut för alla elevers bästa.

Lärarna måste få tillbaka sin auktoritet och föräldrar måste börja lita på att lärare gör sitt allra bästa och att det finns andra vuxna ögon i klassrummet som kan övervaka att elevernas bästa tillgodoses. Föräldrar och elever har med åren fått ökat inflytande i skolan och det är på både gott och ont. Det är viktigt att verksamheter bygger på samarbete och delaktighet, ingen vill tillbaka till tiden då vi hade skolaga, ej heller till den tiden då klassrummet var stängt och inga andra vuxna fick komma in då läraren hade lektion.

Men då föräldrar och elever började få mer inflytande blev det allt vanligare att lärarna blev ifrågasatta på ett negativt sätt. Föräldrar vill gärna ha stränga regler på skolan, men om deras egna barn råkar ut för konsekvenser då är många snara med att försvara sina barn och det gäller i synnerhet svenska föräldrar, vilket är både naturligt och bra, en förälder ska ju stötta sitt barn. Problemet är bara att de inte alltid hinner eller orkar skaffa sig en helhetsbild av situationen som uppkommit i skolan. De har oftast bara hört en version av saken och det är den som deras eget barn levererat.

Många föräldrar drar sig inte heller för att skicka otrevliga mail till lärare där de angriper den undervisande läraren personligen. Denna arbetssituation i kombination med en i övrigt hög arbetsbelastning har fått många pedagoger att gå på knäna och många har lämnat läraryrket av den orsaken.

*Dessa bilder visaren en tydlig förskjutning om vem som bär ansvaret för elevernas studieresultat.*

Åter igen så måste lärare både få granskas och ifrågasättas, men det har med tiden gått överstyr så att denna yrkesgrupp tappat i auktoritet. De flesta föräldrar är i ärlighetens namn sansade personer men de föräldrar som bara kan se en sida av saken och inte kan se att deras egna barn kan ha del i en konflikt eller som inte kan acceptera att deras barn inte har toppbetyg har många gånger bidragit flykten från läraryrket.

- Profilera skolan bättre och var tydlig med elever och föräldrar vad skolans intentioner är.

- Inför rutiner över hela skolan som skapar kontinuitet, samhörighet och trygghet.

- Skolan ska vara en trygg plats. Anställ skolvärdar som finns till hands under raster i korridorer och utomhus.

- Förse personalen med namnskyltar.

- Använd vårdat språk och klädsel i skolan

- Skrota den nuvarande Läroplanen och hela betygssystemet.

Den sista punkten är i skrivande stund uppfylld. Jag har personligen arbetat med fyra olika läroplaner och den senaste som jag hade som rättesnöre var Lgr 11 och den var väldigt snårig att förstå sig på och det var synnerligen svårt att tolka betygskriterierna.

En ny läroplan införts sedan hösten 2022, Lgr 22 och jag vet ännu inte så mycket om hur den fungerar i praktiken, men jag hoppas verkligen att den har förbättrats och att den är tydligare än den tidigare versionen.

Avslutar med att fråga ChatGpt, en sajt som genererar Artificiell Intelligens, vad som är viktigast för att elever mellan 6 och 16 år ska få en bra utbildning. Svaret beskrivs i nästa kapitel.

Därpå följer några recensioner från IES-skolor över hela Sverige.

.

# UTLÅTANDE FRÅN CHATGPT

*What is most important to make good education for students from age 6 to 16?*

There are several factors that are important to consider when it comes to providing a good education for students between the ages of 6 and 16. Here are some of the most important factors:

1.  Quality teachers: High-quality teachers are essential for providing a good education. Teachers who are knowledgeable, passionate, and able to engage and motivate students can make a significant difference in student learning outcomes.
2.  Curriculum: A well-designed curriculum that is age-appropriate, engaging, and challenging can help to ensure that students are learning the knowledge and skills they need to succeed academically and beyond.
3.  Resources: Schools need adequate resources, such as textbooks, technology, and materials, to provide a high-quality education for students. Adequate funding is essential to ensure that schools can provide the resources necessary to support student learning.
4.  Learning environment: A positive and supportive learning environment can help students to feel safe, motivated, and engaged in their learning. Factors such as school culture, discipline policies, and extracurricular activities can all contribute to creating a positive learning environment.
5.  Parental involvement: Parents and caregivers play an important role in supporting student learning. Schools that have strong relationships with parents and involve them in the education process can help to ensure that students receive the support and resources they need to succeed.

Overall, a good education for students between the ages of 6 and 16 requires a combination of quality teachers, a well-designed curriculum, adequate resources, a positive learning environment, and strong parental involvement. Regenerate response

ChatGPT Mar 23 Version. Free Research Preview. ChatGPT may produce inaccurate information about people, places, or facts.

*"Höga förväntningar från både arbetsledning och föräldrar. Om den anställde ska följa skolansriktlinjer och arbetsinstruktioner får den ingen fritid. Positivt med förväntningar och tydlighet men ibland handlar det mest om skolans image utåt sett och mindre om faktiska resultat. Roligt och intressant att få vara del av det, men tempot håller inte i längden."* (Lärarvikarie, ämneslärare och mentor åk. 1-9, 26 maj 2022)

*"Professionell skola som säkerställer hög utbildning. Baserat på disciplin strävar skolan att ge varje elev en hög utbildningsnivå. På grund av detta kan miljön vara alltför struktureras och måla med siffror."* (Mentor, Student assistant, vikarie, 29 januari 2020)

*"Great environment to support the start of my career. Internationella Engelska skolan (or IES) is a Swedish-based, English-immersion school system. The school's success is based of their commitment to having no phones in school (kept in the lockers during the day) and to being strict with rules (at least relative to other Swedish schools). I felt well-supported as a new teacher, both by my co-workers as well by my principal. The school experienced rapid growth in those first two years I was there and, despite some challenges, provided a consistently high education experience for students."* (Music teacher, 21 november 2019)

*"A educational institution run with business principles. Staff needs to be valuated as individuals rather than a financial liability. Great environment to work in though, but don't get sick…your salary gets deducted fpr each day you are sick at home."* (Teacher, juli 2017)

*"Dåligt ineffektivt ledarskap. Har aldrig haft en sådan inkompetent och ineffektiv chef tidigare. XX har sänkt skolans kvalité avsevärt och får både personal och elever att må dåligt och prestera sämre. En mycket dålig ledare som gör negativa antaganden och letar fel konstant hos personal. Anställer sina vänner och litar blint på dem."* (Fast anställd, 11 april 2022)

*"Dåligt ledarskap. Jag har haft oturen att jobba med rektor XX förut, och det var en direkt mardröm. Spelar rätt mycket fulspel och arbetar för att psyka*

*samt nöta ut personal som anses vara "obekväma. Undvik för allt i världen"* (Lärare, 17 maj 2021)

**"Stressigt och dålig lön och oklar ledning.** *Det känns inte som att ledning på skolan jag jobbar på vet vad de håller på med"*(Student care, 12 februari 2021)

**"Stressig och ovälkomnande arbetsplats.** *Jag arbetade på IES och kände mig aldrig riktigt välkommen i arbetslaget. Vissa lärare var trevliga och öppna men de alra flesta var å sin vakt och bjöd inte in till samtal i till exempel lärarrummet. Många av eleverna är otroligt trotsiga och otrevliga, jag blev flera gånger oprovocerat utsatt för personangrepp – förmodligen för att jag jobbade som vikarie och inte ordinarie lärare. Jag upplevde att jag inte fick tillräckligt stöd av kollegor för att vilja jobba kvar."*(Vikarie, 9 november 2020)


**"Jag kände att jag lärde mig mycket därifrån.** *Man fick en god kontakt med personalen. Man lärde sig av sina små misstag då man gjorde om och gjorde rätt. Jag lärde mig hantera stress och press för varje dag som gick och började tycka att jobbet var roligare och roligare för varje dag."*(Måltidsservis, 11 september 2019)

**"Superbra arbetsplats.** *Har jobbat sen mars och allt är underbart, ledningen är underbar, trevliga arbetskollegor och eleverna är underbara."*(Köksbiträde, 10 juli 2019)

**"You are expected to be able to plan and structure something that the manager don't understand.** *You are treated poorly and a lot of psychologic stress that is not taken care of. Wonderful students but focus too much of the academics rather than the social health. I would not recommend this working place as a social pedagogue student assistant or recension leader."*(Socialpedagog, 30 maj 2019)

**"High professional school.** *It's one of the most highly educated schools in Sweden learning a lot of different things as a professional regarding organization management and discipline. It's very hard to keep the students all the time focused on their responsibilities but this is also a challenge and* *enjoyable to achieve this hard situation eventually.* "(Substitute teacher, 1 maj 2019)

**"The art department is small and needs development.** *Management is keen for teachers to create innovative art programs. Difficult to advance as there are few positions available.* "(Art teacher, 9 april 2018)

**"Great place to work.** *I worked at IES junior school as a PhysicalEducator and I really enjoyed it. I would recommend this job to anyone looking to gain experience as a teacher.* "(Physical Education Teacher, year 4, mentor, 17 juli 2017)

**"Productive; looking forward to work.** *Teaching in a calm environment where it enables you as teacher to teach and learners to learn. Suffickient time is allocated for each teacher to mange his/her school work and admin within the school hours. One couls manage a balanced lifestyle between your school day and personal life. Sufficient support in all aspects regarding school is provided. Managements has been very supportive in more that one way. An International team of educators gives one the liberty to share your point of wiev – regardless of the diversity of culture and background. It challenges and broadens one's own perspective of education. We have all learned a great deal from one another. The hardest part has been the time spent in another country far from your own home. But it has been an experience which I have never regretted once, as it has just added value to my life. The most enjoyable part: Working with international staff and teachin children from several different cultures. Children remain children – it doesn't matter where you teach.* "(Teacher/Educator, 6 maj 2017)

**"Produktiv och lärorik arbetsmiljö.** *En typisk arbetsdag börjar med breiefing om veckan, efteråt jobbar jag med olika pedagogiska utredningar, screening, besök i klasser, möte med special education team, läxhjälp. Ledningen är förtroendeingivande. Arbetskollegorna kommer från olika länder, till exempel Sydafrika, Kanada etc. Svåraste var att skriva olika rapporter på engelska (fackspråk). Bästa delen av jobbet var underbar miljö, trevliga kollegor och hög standard.*(Specialpedagog, 22 september 2016)

**"Rolig arbetsmiljö.** *Min erfarenhet av IES är mycket positiv. Jag har lärt mig mycke tom Lgr11 och svenska skolans system. Nu vet jag vade de svenska eleverna behöver för att lära sig i en bra inlärningsmiljö och hur jag måste* *gradera min undervisning så att de har en poitiv och produktiv utbildning. Jag har fått en utmärkt erfarenhet som mentor och har byggt ett bra samarbete med både föräldrar och elever."* (Anställd, 1 maj 2014)

**Hur är arbetsmiljön och kulturen på IES?**

Frågan ställd 10 juli 2019, 3 svar inkom.

*"Stökigt och stressigt. Svårt att passa in då det är en "kultliknande" arbetskultur."*

*"Otrygg och stressig."*

*"Trivsam, superbra miljö"*

Recensionerna kommer från IES skolor över hela Sverige. Har anonymiserat de namn som förekommer.

Källa: https://se.indeed.com/cmp/Internationella-Engelska-Skolan/reviews